「医学部受験」を決めたら まず読む本

合格を
ナビゲートする

データで解説！

7つの質問

Q1 医学部入試のしくみは
どうなっているの？

Q2 医学部入試は
どれくらい難しいの？

Q3 医学部の入試問題は
他学部と何が違うの？

Q4 医学部入試で
面接・小論文対策は重要なの？

Q5 医学部の学校推薦型選抜は
一般選抜よりも易しいの？

Q6 医学部の学費は
どれくらいかかるの？

Q7 医学部に合格するために
大切なことは？

Q1 医学部入試の仕組みは どうなっているの？

A 医学部に入るためには「一般選抜」「学校推薦型選抜」「総合型選抜」のいずれかで合格を勝ち取る必要があります。さらに、地域枠などの枠組みもあり、その仕組みは複雑になっています。

大学入学共通テスト（以下、共通テスト）が始まった2021年度入試から、一般入試は「一般選抜」、推薦入試は「学校推薦型選抜」、AO入試は「総合型選抜」という呼び名に変わりました。国公立大の一般選抜の場合は、「共通テスト」と、大学別に実施される「個別学力試験（2次試験）」との合計で合否が決定します。個別学力試験は「前期日程」と「後期日程」に分かれ、それぞれ1校の出願が可能ですが、後期は実施校が少なく、総募集人員も前期の1割未満となるため、実質的には前期の1回勝負です。また、国公立大医学部の一般選抜では、「2段階選抜」にも注意が必要です。これは、「共通テスト」で大学が設定した基準に満たない志願者をふるいにかけるもので（第1段階選抜）、「共通テスト」の得点次第では、2次試験に進めないまま不合格となります。

私立大の場合、半数以上の大学が「共通テスト利用方式」を導入していますが、募集人員は多くないため、「一般選抜」（各大学の個別試験を受ける方式）の前期・Ⅰ期入試での合格を目指すのが一般的です。その一方で後期・Ⅱ期入試を実施するところが増え、受験機会が増える傾向にあります。また、国公立大・私立大ともに全大学で面接が必須となっているのも大きな特徴です。

◆ 2023年度 国公立大医学部入試スケジュール 概要

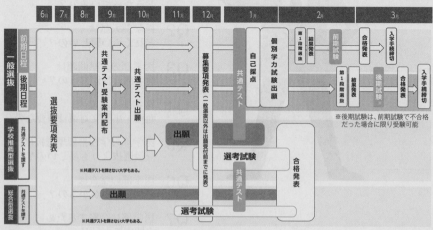

◆ 2023 年度 私立大医学部入試スケジュール 概要

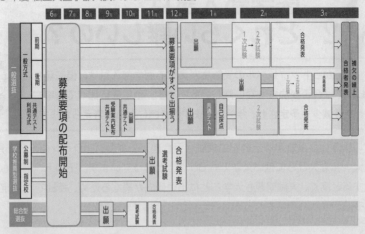

私立大の一般選抜では、約3分の2の大学で複数の受験方式・日程を設定しており、1つの大学で複数受験が可能な場合もあります。

◆ 2段階選抜の概要

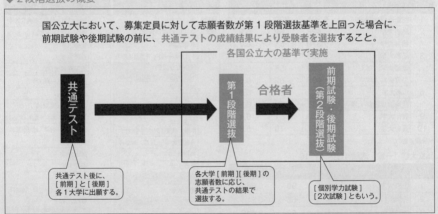

国公立大において、募集定員に対して志願者数が第1段階選抜基準を上回った場合に、前期試験や後期試験の前に、共通テストの成績結果により受験者を選抜すること。

各国公立大の基準で実施

共通テスト → 第1段階選抜 → 合格者 → 前期試験・後期試験（第2段階選抜）

共通テスト後に、[前期] と [後期] 各1大学に出願する。

各大学 [前期][後期] の志願者数に応じ、共通テストの結果で選抜する。

[個別学力試験][2次試験] ともいう。

◆ 2段階選抜の具体例：2022 年度 群馬大学の場合

2022年度群馬大学入試　定員：前期70名
第1段階選抜基準：前期は「志願者が定員の 約3倍 を超えた場合に実施」とは？
→ 定員70名 × 約3倍 ＝ 約210名が、前期試験を受験できる。

結果は・・・

2022年度の志願者は 318名で、210名を超えたので、第1段階選抜を実施した。

一般枠：284名 − 189名 ＝ 95名、地域枠：34名 − 24名 ＝ 10名は、前期試験を受験できなかった。

3

Q2 医学部入試はどれくらい難しいの？

A 全国からトップレベルの受験生が集まる医学部入試は、偏差値だけでは合否が決まらない厳しい戦いです。他学部に比べて倍率も高く、定員減少も予定され、今後ますます狭き門になると考えられます。

　多くの受験生が受験する全統記述模試（河合塾）のボーダーライン偏差値を見ると、国公立大・私立大ともに低い大学でも 60 以上となっています。その上、倍率も他学部と比較すると高く、入試問題も大学ごとに出題傾向が異なるため、模試で A 判定を取っても、受験大学への対策をしっかり行わないと合格できません。

◆ 2022 年度 国公立大・私立大医学部医学科志願者状況

国公立大学［前期］志願者合格倍率ベスト 10

順位	大学名	志願者	総合格者	倍率
1	防衛医科大学校	＊5,391	330	16.3
2	島根大学	428	62	6.9
3	福井大学	370	55	6.7
3	岐阜大学	466	70	6.7
3	愛媛大学	389	58	6.7
6	滋賀医科大学	405	62	6.5
6	広島大学	621	96	6.5
6	奈良県立医科大学	143	22	6.5
9	香川大学	520	81	6.4
10	長崎大学	457	79	5.8

＊受験者数のみの人数。

私立大学［一般］志願者数ベスト 10

順位	大学名	募集人員	志願者
1	帝京大学 ※1	96	6,649
2	金沢医科大学（前期）	65	3,914
3	獨協医科大学 ※2	62	3,443
4	国際医療福祉大学	105	3,009
5	杏林大学 ※3	100	2,649
6	埼玉医科大学（前期）	60	2,544
7	昭和大学（Ⅰ期）	82	2,475
8	東海大学	60	2,333
9	東邦大学 ※4	77	2,304
10	日本医科大学（前期）※5	88	2,246

※1　地域枠（7名）を含む。
※2　栃木県地域枠（5名）を含む。
※3　東京都地域枠（10名）、新潟県地域枠（2名）を含む。
※4　千葉県地域枠（5名）、新潟県地域枠（2名）を含む。
※5　前期は地域枠（13名）を含む。

◆ 国公立大 大学入学共通テスト目標ボーダー得点率

［一般・前期］

共通テスト得点率	大学名	共通テスト得点率	大学名
91%	東京大学	77%	島根大学（一般枠、県内定着枠）
86%	東京医科歯科大学		香川大学（一般枠）
	京都大学		愛媛大学
85%	千葉大学（一般枠、千葉県地域枠）		長崎大学
	横浜市立大学（一般枠、地域医療枠、神奈川県指定診療区域枠）	76%	旭川医科大学
	大阪大学		弘前大学（一般枠）
82%	北海道大学		秋田大学
	東北大学		山形大学（地域枠）
	筑波大学（一般枠、地域枠［全国対象］[茨城県内対象]）		福島県立医科大学（一般枠、地域枠）
	名古屋大学（一般枠、地域枠）		群馬大学（一般枠、地域医療枠）
	神戸大学		信州大学
	九州大学		富山大学
81%	大阪公立大学（一般枠）		福井大学
	岡山大学		岐阜大学
80%	大阪公立大学（地域医療枠）		浜松医科大学（一般枠、地域枠）
	広島大学		鳥取大学（一般枠、地域枠[鳥取県][兵庫県][島根県]）
79%	名古屋市立大学		山口大学
	京都府立医科大学		徳島大学
78%	滋賀医科大学（一般枠、地域医療枠）		香川大学（地域枠）
	奈良県立医科大学		高知大学（一般枠）
	和歌山県立医科大学（一般枠、県民医療枠［A][C]）		佐賀大学
	熊本大学		鹿児島大学
77%	札幌医科大学（一般枠、先進研修連携枠）	75%	弘前大学（青森県定着枠）
	山形大学（一般枠）		高知大学（地域枠）
	新潟大学		大分大学（一般枠）
	金沢大学		宮崎大学
	三重大学（一般枠、三重県地域医療枠）	74%	大分大学（地元出身者枠）
			琉球大学

予想難易度のランクは2022年9月時点のものです。2022年度の各大学の入試合否分布と、「第2回全統共通テスト模試」の志望動向をもとに、河合塾が設定した、2023年度一般選抜の予想ボーダーライン（偏差値・得点率）を、メディカルラボが加工・編集したものです。ボーダーラインとは、合否の可能性が50%に分かれるラインを意味します。

◆ 国公立大ボーダーライン偏差値

[一般・前期・個別試験]

個別試験偏差値	大学名	個別試験偏差値	大学名
72.5	東京大学	65.0	島根大学（一般枠、県内定着枠）
	京都大学		広島大学
70.0	東京医科歯科大学		山口大学
	大阪大学		愛媛大学
67.5	東北大学		長崎大学
	千葉大学（一般枠、千葉県地域枠）		熊本大学
	横浜市立大学（一般、地域医療枠、神奈川県指定医療機関枠）	62.5	旭川医科大学
	神戸大学		秋田大学
	岡山大学		山形大学（一般枠、地域枠）
	九州大学		福島県立医科大学（一般枠、地域枠）
65.0	北海道大学		富山大学
	筑波大学（一般枠[全国対象][茨城県内対象]）		岐阜大学
	群馬大学（一般枠、地域医療枠）		和歌山県立医科大学（一般枠、県民医療枠[A][C]）
	新潟大学		鳥取大学（一般枠、地域枠[鳥取県][兵庫県][島根県]）
	金沢大学		徳島大学
	福井大学		香川大学（一般枠、地域枠）
	信州大学		高知大学（一般枠、地域枠）
	浜松医科大学（一般枠、地域枠）		佐賀大学
	名古屋大学（一般枠、地域枠）		大分大学（一般枠、地元出身者枠）
	名古屋市立大学		宮崎大学
	三重大学（一般枠、三重県地域枠）		鹿児島大学
	滋賀医科大学（一般枠、地域医療枠）		琉球大学
	京都府立医科大学	60.0	札幌医科大学（一般枠、先進研修連携枠）
	大阪公立大学（一般枠、地域医療枠）		
	奈良県立医科大学		

◆ 私立大ボーダーライン偏差値

[一般・前期]

個別試験偏差値	大学名	個別試験偏差値	大学名
72.5	慶應義塾大学	65.0	杏林大学
	順天堂大学（B方式）		帝京大学
70.0	順天堂大学（A方式）		金沢医科大学
	東京慈恵会医科大学		愛知医科大学
	日本医科大学		藤田医科大学
67.5	自治医科大学		近畿大学
	昭和大学		兵庫医科大学（A・B）
	東京医科大学		久留米大学
	東邦大学		福岡大学
	日本大学（N全学第Ⅰ期）	62.5	岩手医科大学
	東海大学		獨協医科大学
	大阪医科薬科大学		埼玉医科大学
	関西医科大学		東京女子医科大学
	産業医科大学（共テ利用）		北里大学
65.0	東北医科薬科大学		聖マリアンナ医科大学
	国際医療福祉大学	60.0	川崎医科大学

予想難易度のランクは2022年9月時点のものです。2022年度の各大学の入試合否分布と、「第2回共通テスト模試」の志望動向をもとに、河合塾が設定した、2023年度一般選抜の予想ボーダーライン（偏差値・得点率）をメディカルラボが加工・編集したものです。ボーダーラインとは、合否の可能性が50%に分かれるラインを意味します。
※国公立大の「ボーダーライン偏差値」は一般選抜・前期のものです。
※私立大の「ボーダーライン偏差値」は一般選抜（前期・Ⅰ期）のものです。

◆ 2022年度 私立大医学部 入学者の現浪比

大学名		現役	1浪	2浪	3浪その他
岩手医科大学	C	24.4%	35.0%	14.6%	26.0%
東北医科薬科大学		非公表			
自治医科大学	C	34.1%	51.2%	11.4%	3.3%
獨協医科大学	A	26.3%	73.7%		
埼玉医科大学	C	34.6%	37.7%	10.0%	17.7%
国際医療福祉大学	C	47.9%	28.2%	23.9%	
杏林大学		非公表			
慶應義塾大学	D	72.5%	25.8%	1.7%	
順天堂大学	A	63.2%	30.1%	4.3%	2.3%
昭和大学	C	35.2%	64.8%		
帝京大学		非公表			
東京医科大学	C	44.4%	38.1%	10.1%	7.4%
東京慈恵会医科大学	C	57.1%	33.3%	3.8%	5.7%
東京女子医科大学	C	41.8%	23.6%	14.5%	20.0%
東邦大学	C	46.7%	36.7%	11.7%	5.0%
日本大学	C	27.2%	35.2%	16.0%	21.6%
日本医科大学	C	48.0%	39.8%	6.5%	5.7%
北里大学	C	33.1%	66.9%		
聖マリアンナ医科大学	C	48.7%	27.8%	8.7%	14.8%
東海大学	A	28.0%	34.0%	19.0%	19.0%
金沢医科大学	C	10.8%	32.3%	24.6%	32.3%
愛知医科大学	C	25.0%	75.0%		
藤田医科大学	C	30.8%	30.0%	15.0%	24.2%
大阪医科薬科大学	C	21.4%	45.5%	16.1%	17.0%
関西医科大学	C	24.4%	75.6%		
近畿大学	C	25.0%	75.0%		
兵庫医科大学	A	30.7%	69.3%		
川崎医科大学	C	22.8%	18.9%	23.6%	34.6%
久留米大学	B	17.4%	29.6%	26.1%	26.9%
産業医科大学	A	31.7%	40.5%	17.5%	10.3%
福岡大学	B	19.9%	80.1%		

●表の見方
A：総合格者
B：正規合格者
C：入学者
D：入学許可者

※獨協医科大学の現既比は学校推薦型選抜、総合型選抜を除く。
※国際医療福祉大学の現既比は留学生特別選抜を除く。
※北里大学の現既比は、高校卒業認定試験合格者、外国の学校卒業者等を除く。
※東海大学は一般選抜のみ。
※近畿大学は附属高校推薦を含む。
※川崎医科大学は附属高校からの推薦入学を含む。
※久留米大学は地元占有率を除き、一般選抜前期のみ。
※福岡大学は一般選抜のみ。

> 医学部に現役で合格するのは難しく、ほとんどの大学は浪人生の合格者のほうが多い。

詳しくは「Step2　自分専用の合格計画を立てる」（P.39〜参照）

Q3 医学部の入試問題は 他学部と何が違うの？

A 医学部の出題傾向は大学によって千差万別。国公立大でも医学部独自の出題が多いのが特徴です。まずは受験のための基礎を固め、志望大学の出題傾向を検討して対策を練ることが必要です。

　医学部独自の出題をしている大学では、英語の長文読解に医療系の問題が出題されるなど、学科試験の内容にも医学部ならではの特徴がみられます。また、理系科目も、他学部の出題より難度を上げている大学が多くなっています。特に私立大の場合は大学によって出題傾向が大きく異なるため、過去問などを利用して早めに志望大学の出題傾向を知る必要があります。

◆ 大分大学医学部 長文読解におけるテーマ

年度	大問	テーマ
2022	1	一過性全健忘症からの回復
	2	がんと脳卒中を経験した医師
	3	一卵性双生児の妊娠出産
2021	1	遺伝子検査の現状
	2	夫の脳腫瘍手術　－医師との信頼関係構築－
	3	脳神経外科の研修医時代

医学部医学科受験者用に作成される独自問題のため、扱われているテーマが医療系に偏っています。実際の患者と医師・看護師が登場する、ドキュメンタリー文章が多いのが特徴です。医療用語の英単語の知識やバックボーンとなる医学知識の有無で、読解スピードに差が出る出題となっています。

◆ 京都府立医科大学 長文読解と英作文におけるテーマ（2022年度）

問題の全体難度　★★★★ 難　　　　　　　　　　　　　　時間に対する分量　非常に多い

大問	分野	長文の種類 単語数	内容	出題形式	難度
1	読解	社会系 約1,200語	「中流階級の学童による言語能力の発達」に関する評論文（選択問題、本文抜出、内容説明（日本語による記述））	選択・記述	★★★★
2	読解	伝記系 約1,000語	「マハトマ・ガンディーの信念とインド独立」を扱った説明文（内容説明（英語による記述））	記述	★★★★
3	読解	社会系 約1,250語	「中年でフランス語を学習することの難しさ」についての説明文（内容一致問題）	選択	★★☆☆
4	英作文	—	「コロナ禍での公共図書館によるオンラインサービスについての是非」をまとめる自由英作文（約200字）	記述	★★☆☆

長文3題と自由英作文1題という問題構成は例年通り。21年度と同様に、大問1は日本語で解答する記述問題中心、大問2は英語で解答する記述問題中心と、大問によって明確な形式の棲み分けがなされている。大問3は例年通り正誤判定の選択問題、大問4も例年通り標準レベルの自由英作文だ。21年度より長文の合計単語数は若干増え、選択問題は1問のみで、残りは全て記述問題か本文の抜き出し問題だった。さらに、長文読解の難度は21年度よりも上がったと思われる。読解量と設問の多さは、試験時間120分とは言え、かなりタイトだろう。対策としては、まず1,000語程度の長文問題を、時間設定をした上で最後までこなせるように訓練すること。さらに過去問演習を通じて時間配分を検討し、大問の最適な解答順序を自分でつかみ取ることが求められる。

◆ 2022年度 国公立大医学部入試問題分類

学校名	他学部と共通	医学科独自問題	他学部と一部共通	学校名	他学部と共通	医学科独自問題	他学部と一部共通
旭川医科大学	英 数 化 生 物	**英** **数** **化** **生** **物**	英 数 化 生 物	鳥取大学	**英** 数 **化** **生** 物	英 数 化 生 物	英 数 化 生 物
北海道大学	**英** **数** **化** **生** 物	英 数 化 生 物	英 数 化 生 物	島根大学	**英** 数 化 生 物	英 数 化 生 物	**英** 数 化 生 物
弘前大学	**英** **数** **化** **生** **物**	総合問題	英 数 化 生 物	岡山大学	**英** **数** **化** **生** 物	英 数 化 生 物	英 数 化 生 物
東北大学	**英** 数 **化** **生** 物	英 数 化 生 物	英 数 化 生 物	広島大学	**英** **数** **化** **生** 物	英 数 化 生 物	英 数 化 生 物
秋田大学	英 数 化 生 物	英 数 化 生 物	**英** 数 化 生 物	山口大学	**英** 数 **化** **生** 物	英 数 化 生 物	英 数 化 生 物
山形大学	**英** 数 **化** **生** **物**	英 数 化 生 物	英 数 化 生 物	徳島大学	**英** **数** **化** **生** 物	英 数 化 生 物	英 数 化 生 物
筑波大学	**英** **数** **化** **生** **物**	英 数 化 生 物	**英** **数** **化** **生** **物**	香川大学	**英** **数** **化** **生** **物**	英 数 化 生 物	英 数 化 生 物
群馬大学	**英** **化** **生** 物	英 数 化 生 物	**英** **数** **化** **生** **物**	愛媛大学	**英** **数** **化** **生** 物	**総**	英 数 化 生 物
千葉大学	**英** 数 **化** **生** **物**	英 数 化 生 物	**薬** 数 化 生 物	高知大学	**英** 数 **化** **生** 物	英 数 化 生 物	英 数 化 生 物
東京大学	**英** **数** **化** **生** **物**	英 数 化 生 物	英 数 化 生 物	九州大学	**英** 数 **化** **生** 物	英 数 化 生 物	英 数 化 生 物
東京医科歯科大学	**英** **数** **化** **生** **物**	英 数 化 生 物	**英** **数** **化** **生** **物**	佐賀大学	**英** **数** **化** **生** 物	英 数 化 生 物	英 数 化 生 物
新潟大学	**英** 数 **化** **生** 物	英 数 化 生 物	英 数 化 生 物	長崎大学	**英** **数** **化** **生** 物	英 数 化 生 物	**薬** 数 化 生 物
富山大学	**英** 数 **化** **生** **物**	英 数 化 生 物	英 数 化 生 物	熊本大学	**英** 数 **化** **生** 物	英 数 化 生 物	英 数 化 生 物
金沢大学	**英** 数 **化** **生** **物**	英 数 化 生 物	英 数 化 生 物	大分大学	英 数 化 生 物	**英** 数 **化** **生** **物**	英 数 化 生 物
福井大学	**英** 数 **化** **生** **物**	英 数 **化** **生** 物	**英** **数** **化** **生** **物**	宮崎大学	**英** 数 **化** **生** 物	英 数 化 生 物	英 数 化 生 物
山梨大学（後期）	英 数 化 生 物	英 数 **化** **生** **物**	英 数 化 生 物	鹿児島大学	**英** **数** **化** **生** 物	英 数 化 生 物	英 数 化 生 物
信州大学	**英** 数 **化** **生** **物**	英 数 化 生 物	英 数 化 生 物	琉球大学	**英** **数** **化** **生** 物	英 数 化 生 物	**英** **数** **化** **生** 物
岐阜大学	**英** **数** **化** **生** **物**	英 数 化 生 物	英 数 化 生 物	札幌医科大学	英 数 化 生 物	**英** 数 **化** **生** **物**	英 数 化 生 物
浜松医科大学	英 数 化 生 物	**英** **数** **化** **生** **物**	薬 数 化 生 物	福島県立医科大学	**英** 数 **化** **生** 物	**英** **数** **化** **生** **物**	英 数 化 生 物
名古屋大学	**英** **数** **化** **生** 物	英 数 化 生 物	英 数 化 生 物	横浜市立大学	**英** 数 **化** **生** 物	**薬** 数 化 生 物	**英** **数** **化** **生** **物**
三重大学	**英** **数** **化** **生** **物**	英 数 化 生 物	英 数 化 生 物	名古屋市立大学	**英** 数 **化** **生** 物	**英** **数** **化** **生** **物**	**英** 数 化 生 物
滋賀医科大学	英 数 化 生 物	**英** **数** **化** **生** **物**	英 数 化 生 物	京都府立医科大学	英 数 化 生 物	**英** **数** **化** **生** 物	英 数 化 生 物
京都大学	**英** **数** **化** **生** **物**	英 数 化 生 物	英 数 化 生 物	大阪公立大学	**英** **数** **化** **生** **物**	英 数 化 生 物	英 数 化 生 物
大阪大学	**英** **数** **化** **生** **物**	英 数 化 生 物	英 数 化 生 物	奈良県立医科大学	**英** 数 **化** **生** 物	**英** **数** **化** **生** **物**	英 数 化 生 物
神戸大学	**英** **数** **化** **生** **物**	英 数 化 生 物	英 数 化 生 物	和歌山県立医科大学	**英** 数 **化** **生** 物	英 数 化 生 物	**英** 数 化 生 物

「医学科独自問題」「他学部と一部共通」の場合、出題に医学部ならではの特徴がよくみられます。
「他学部と共通」の場合、どの学部と共通しているかによって、出題難度や出題内容などが変わります。

詳しくは「Step6 戦略的に受験大学の対策をする」（P.207 〜参照）

Q4 医学部入試で面接・小論文対策は重要なの？

A 医学部の面接・小論文は、受験生の医療に携わる覚悟や適性を確認するための試験。「主体性」も評価するとしている新入試制度では、面接・小論文の重要性がより高まっています。

近年の医学部入試では、医師や研究者を目指す受験生の人物評価をより重視する傾向にあります。面接試験では個人面接、集団面接、集団討論（グループディスカッション）、MMI（multiple mini interview）など、より多角的に受験生の適性を見分けることが多くなっています。

小論文対策では、「自分はどういう医師、どういう研究者になりたいか」を考え、決意を伝える「志望理由書」を書くことからスタートすると、取り組みやすいでしょう。

◆ 面接の種類

■ 個人面接
受験生1人、面接官2〜3人

■ 集団面接（グループ面接）
受験生2人以上、面接官2人以上

■ 集団討論（グループディスカッション）
受験生2人以上、面接官2人以上

■ MMI (multiple mini interview)
特定のテーマについての個人面接を複数回、面接官およびテーマを変えて実施する形式。

◆ 2023年度 国公立大 前期試験配点

大学名	英語	数学	理科	面接・適性	満点
秋田大学	100点	100点	—	200点	400点
東北大学	250点	250点	250点	200点	950点
筑波大学	300点	300点	300点	500点	1400点
信州大学	150点	150点	150点	150点	600点
大分大学	100点	100点	200点	150点	550点

学科試験でのアドバンテージも面接の失敗でくつがえってしまうほど、面接や適性を重要視する大学が増えています。

■「面接」について
　医学科：面接試験では、'医学部医学科が望む学生像'（【学部・学科の入学者受入れの方針（アドミッション・ポリシー）】参照）に記載されている医師・医学研究者としての適性・人間性などについて評価を行い、学科試験の成績と総合して合否を判定します。
　従って、学科試験の成績の如何にかかわらず不合格になることがあります。
　調査書は、志願者個人を特定するような情報及び属性に関する情報（氏名・性別・住所等）を除き、面接の参考資料にします。

面接が配点化されていない、もしくは配点が低い大学では、面接次第で不合格になる可能性を明記する大学がほとんどです。

◆ 東邦大学医学部 2022 年度 一般選抜 面接試験の受験レポート

形式	所要時間	面接の進行と質問内容
①個人面接 （MMI 方式） ②集団討論	①３分×４回 ②15 分	**①個人面接（MMI 方式）** 机上に課題プリントがあり、１分間ほど読んで考える時間が与えられる □水道水と富士山の湧き水は、どちらが健康に良いか □政治における女性の社会進出のための制度（クオータ制度）に賛成か反対か □理想の医師像についてのプレゼンテーションをする際に、どのような準備をするか □家庭の経済事情で、アルバイトの時間が増えて、レポート提出に間に合わない友人が、あなたのレポートを見せてほしいと言ってきた。どうするか □シマウマの縞模様は、天敵からのカモフラージュのためか、虫よけのためか。その理由と実験方法 □医療に関するビッグデータの利用について賛成か反対か □表現の自由とプライバシーの保護のどちらを優先するか
面接会場の配置 （個人面接） 面接官＝２名 受験生＝１名 （集団討論） 面接官＝２名 受験生＝４名		**②集団討論（１グループ１つのテーマで討論）** □ある国の王様がある日、次のような不思議な夢を見た。「牧草を食べて幸せそうに暮らしていた８頭の太った牛がいた。そこに痩せた８頭の牛がやって来て、太った８頭の牛を全て食べてしまった」。王様が部下に夢の意味を尋ねると、部下は「この夢は、今の国の状態を表しています。……」と言った ①「……」について部下が何を言ったのか、１人ずつ発言 ②これについて討論をして、意見をまとめて代表者が発表する

面接や小論文では、「医師として」の意見を求められることが多いので、「自分が医師になったらどうするか」、医療に携わる人間として意見を出せるように準備しておきます。

詳しくは「Step5　面接・小論文対策で医師になる自覚を育てる」（P.163 ～参照）

Q5 医学部の学校推薦型選抜は一般選抜よりも易しいの？

A 国公立大では、原則として学校推薦型選抜、総合型選抜の志願者にも共通テストが課せられ、必ずしも一般選抜より易しいとは言えません。ただし、私立大の場合は一般選抜よりも易しい場合もあります。

学校推薦型選抜や総合型選抜などの入試は、国公立大でも共通テストと面接のみ、または面接と小論文の場合が多く、倍率も比較的低いため、一般選抜より入りやすいと思われがちです。しかし、共通テストでは一般選抜とほぼ同程度の得点率が求められ、個別試験の面接や小論文の内容も、一般選抜に比べてかなり難度が高くなるなど、決して易しいものではありません。

また、私立大では大学によっては一般選抜と学校推薦型選抜、総合型選抜を比べると合格者の平均偏差値が10近く異なるところもあり、推薦によって入りやすくなることもあります。とは言え、一般選抜と異なり入試問題を公表していない大学も多いため、医系専門予備校でないと対策が難しくなっています。

学校推薦型選抜、総合型選抜の選考方法

国公立大学

大学入学共通テスト、面接、小論文など

※一部の大学を除いて、大学入学共通テストを課す

※小論文は英語での出題も多い。理科や数学の場合もある

※「適性検査」「総合問題」の名称で学科試験や小論文を課す場合もある

私立大学

①英語、数学、理科、面接、小論文
②英語、数学、面接、小論文

※学科試験は、「基礎学力検査」や「適性試験」などの名称で実施する大学が多い

※小論文を課さない大学もある

◆ 2022年度 国公立大学医学部 一般選抜/学校推薦型選抜の比較（合格者・不合格者の共通テスト得点度数分布）

得点	信州大学 一般選抜 合格	不合格	学校推薦型選抜 合格	不合格	神戸大学 一般選抜 合格	不合格	学校推薦型選抜 合格	不合格	得点
810以上					2				810以上
800			1		3				800
90		1			5		1		90
80			2		5	3	1		80
70	2				10	1			70
60	3		1		10	2	1		60
750	4		4		13	4	1		750
40	1	1	2		8	4		1	40
30	6		1		10	5		1	30
20	9	7	1	1	6	9		3	20
10	7	8	3	2	2	4		1	10
700	8	1	4		2	6	1	3	700
90	3	7	2	5		1	1	2	90
80	2	10		4	1	3		2	80
70	1	4		6		1	2		70
60	1	4		5		2			60
650		5		2				1	650
40		7		2		4		1	40
30		1		1		1		3	30
20		3		3		2			20
620未満		28	1	13		18		7	620未満
平均点	**722**	643	**720**	642	**757**	675	**732**	659	平均点

※ 2022年度入試から集計は前期入試科目を使用。前期入試科目の傾斜配点を900点満点に換算。【ベネッセ調べ】

国公立大では、学校推薦型選抜でも一般選抜と同程度の共通テスト得点率が求められます。

◆ 2022年度 私立大学医学部 一般選抜/学校推薦型選抜の比較（合格者・不合格者の記述模試総合偏差値の度数分布）

偏差値	東京医科大学 一般選抜 合格	不合格	学校推薦型選抜 合格	不合格	関西医科大学 一般選抜 合格	不合格	学校推薦型選抜 合格	不合格	偏差値
84以上	2	3			3	8			84以上
82	4	1			5	1			82
80	4	3			11	5			80
78	4	1			11	5			78
76	9	7			12	11	1	2	76
74	11	9		1	25	16		3	74
72	22	21	1		19	24		2	72
70	13	27	1	1	10	29	2	1	70
68	13	29	3	2	9	24	2	2	68
66	2	45	2	2	7	36	1	6	66
64	5	50	5	3	6	36	3	8	64
62	4	56	1	2	1	46		8	62
60	1	37	2	3	1	34	5	14	60
58	1	41	2	4	1	33	4	6	58
56		33	2	2		32		10	56
54		32	3	5		34	2	9	54
54未満	2	129	1	21	1	102	3	44	54未満
平均偏差値	**72.2**	60.3	**63.0**	54.3	**74.0**	61.5	**62.2**	56.6	平均偏差値

※ 2022年度入試結果から、各募集単位の合格者・不合格者のベネッセ記述模試総合偏差値の度数分布を掲載。【ベネッセ調べ】

私立大の一般選抜では、偏差値が84以上であっても不合格になる場合があるのに比べ、推薦枠では合格者の偏差値が5～10以上低くなることもあり、比較的入りやすくなります。

Q6 医学部の学費はどれくらいかかるの？

A 私立大医学部の学費は、6年間でおよそ2,000～4,000万円。しかし近年、医学部の学費は下降傾向にあり、さまざまな制度と併せることで、以前より経済的なハードルは低くなってきています。

国公立大の約350万円（全学部一律）に比べて高額な私立大の学費ですが、2023年度も関西医科大学や大阪医科薬科大学が値下げをするなど、学費を値下げする大学が相次いでいます。また、医師不足の対策として打ち出された「地域枠」の増加や、大学や自治体などによる奨学金・修学資金、あるいは医学部限定の高額教育ローンなどのさまざまな制度のサポートもあり、一般家庭からの進学者が増加しています。

◆ 2023年度 私立大学医学部学納金ランキング

初年度

順位	大学名	学納金（カッコ内は入学金）
1	順天堂大学 ※1	2,900,000 (2,000,000)
2	関西医科大学	3,060,000 (1,000,000)
3	東京慈恵会医科大学 ※3	3,500,000 (1,000,000)
4	慶應義塾大学	3,873,350 (200,000)
5	国際医療福祉大学 ※2	4,500,000 (1,500,000)
	日本医科大学 ※4	4,500,000 (1,000,000)
7	東邦大学 ※5	4,800,000 (1,500,000)
8	東京医科大学	4,978,800 (1,000,000)
9	自治医科大学	5,000,000 (1,000,000)
10	昭和大学	5,422,000 (1,500,000)
11	大阪医科薬科大学	6,100,000 (1,000,000)
12	産業医科大学	6,122,800 (1,000,000)
13	日本大学 ※7	6,350,000 (1,000,000)
14	東海大学	6,473,200 (1,000,000)
15	東北医科薬科大学 ※8	6,500,000 (1,000,000)
16	藤田医科大学	6,596,000 (1,500,000)
17	近畿大学 ※9	6,804,500 (1,000,000)
18	聖マリアンナ医科大学	7,217,000 (1,500,000)
19	愛知医科大学	8,350,000 (1,500,000)
20	福岡大学 ※11	8,626,710 (1,000,000)
21	埼玉医科大学 ※12	8,820,000 (2,000,000)
22	岩手医科大学 ※7	9,000,000 (2,000,000)
23	兵庫医科大学	9,025,000 (2,000,000)
24	獨協医科大学	9,300,000 (1,500,000)
25	久留米大学	9,313,000 (1,000,000)
26	帝京大学	9,370,140 (1,050,000)
27	北里大学	9,438,000 (1,500,000)
28	杏林大学	10,090,700 (1,500,000)
29	東京女子医科大学	11,449,000 (2,000,000)
30	金沢医科大学	11,943,000 (2,000,000)
31	川崎医科大学	12,215,000 (2,000,000)

6年間総額

順位	大学名	学納金
1	国際医療福祉大学 ※2	18,500,000
2	順天堂大学 ※1	20,800,000
3	関西医科大学	21,440,000
4	日本医科大学 ※4	22,000,000
5	慶應義塾大学	22,239,600
6	東京慈恵会医科大学 ※3	22,500,000
7	自治医科大学	23,000,000
8	東邦大学 ※5	25,800,000
9	昭和大学 ※6	27,922,000
10	大阪医科薬科大学	29,075,000
11	東京医科大学	29,833,800
12	藤田医科大学	30,526,000
13	産業医科大学	30,697,800
14	日本大学 ※7	33,100,000
15	東北医科薬科大学 ※8	34,000,000
	岩手医科大学 ※7	34,000,000
17	愛知医科大学	34,350,000
18	聖マリアンナ医科大学 ※10	34,400,000
19	東海大学	35,306,200
20	近畿大学 ※9	35,827,000
21	久留米大学	36,378,000
22	獨協医科大学	37,300,000
23	杏林大学	37,590,700
24	兵庫医科大学	37,600,000
25	福岡大学 ※11	37,738,260
26	帝京大学	39,380,140
27	北里大学	39,528,000
28	埼玉医科大学 ※12	39,570,000
29	金沢医科大学	40,543,000
30	東京女子医科大学	46,214,000
31	川崎医科大学	47,365,000

＊ 国立大学医学部の学費 6年間総額：約3,500,000円（入学料：282,000円、年間授業料：535,800円）
＊ 学納金は2022年11月下旬時点の情報を基にしています。変更となる場合がありますので、詳細は受験する大学の「2023年度募集要項」などで必ず確認してください。また、学納金のほか、諸経費等が別途必要となる場合もあります。

※ 1　寮費・諸会費は除く。
※ 2　教育援護金年会費、海外臨床実習の積立金は除く。教科書代、臨床実習に関わる費用、国家試験対策に関わる費用、同窓会費等は除く。
※ 3　学生会経費、保護者会費等は除く。
※ 4　諸経費を除く。

※ 5　委託徴収金は除く。
※ 6　2年次以降の学生会費・父兄会費5万円×5を除く。
※ 7　諸会費等は除く。
※ 8　入学時の教科書代は除く。諸会費等は除く。
※ 9　校友会終身会費は除く。
※ 10　学生自治会費（初年度：5,000円、次年度以降：3,000円）、保護者会費（初年度のみ：112,000円）および聖医会（同窓会）会費（200,000円：初年度のみ）は除く。
※ 11　入学時の教科書代は除く。
※ 12　毛呂山会支部会費（別個設定）は除く。

◆ 2023年度 私立大学医学部奨学金・修学金貸与制度（抜粋）

大学名	名称	分類	金額	募集人員	応募資格の制限 ※1	返還免除の有無 ※2
岩手医科大学	医療局医師奨学金貸付制度（一般枠）	貸与	6年総額2,160万円（月額30万円）	8名	有	有
	市町村医師養成修学資金貸付制度	貸与	月額20万円＋入学一時金760万円	15名	有	有
東北医科薬科大学	東北地域医療支援修学資金A方式（宮城県）	貸与	6年総額3,000万円（毎年500万円）	30名	無	有
	東北地域医療支援修学資金A方式（宮城県を除く東北5県）	貸与		5名（各県1名）	無	有
	東北地域医療支援修学資金B方式（宮城県以外の東北5県）	貸与	6年総額1,500万円（毎年250万円）＋各県の修学資金（約1,100万円～）	20名	一部制限有り	有
埼玉医科大学	医学部特別奨学金	貸与	6年総額1,850万円（入学時350万円、2年次以降年300万円）	5名以内	無	有
	埼玉県地域枠医学生奨学金	貸与	月額20万円（6年総額1,440万円）	19名	無	有
国際医療福祉大学	特待奨学生制度（奨学生S）	給付	6年総額1,700万円＋学生寮の寮費全額（1年次：300万円、2年次以降：280万円）	一般20名	無	ー
	特待奨学生制度（奨学生A）	給付	6年総額1,400万円（1年次250万円、2年次以降230万円）	一般25名・共テ5名	無	ー
獨協医科大学	栃木県医師修学資金制度	貸与	6年総額2,200万円（毎年350万円、入学金100万円）	5名	無	有
杏林大学	東京都地域医療医師奨学金（特別貸与奨学金）	貸与	6年総額4,420万円（修学費:6年総額3,700万円、生活費:6年総額720万円）	10名	有	有
	新潟県医師修学資金貸与制度	貸与	6年総額3,700万円	3名	無	有
順天堂大学	学費減免特待生制度	減免	6年間で1,380万円を減免	一般A 成績上位10名	無	ー
	埼玉県医師育成奨学金制度	貸与	月額20万円（6年総額1,440万円）	10名（予定）	無	有
	千葉県医師修学資金貸付制度	貸与	月額20万円（6年総額1,440万円）	5名	無	有
	静岡県医学修学研修資金	貸与	月額20万円（6年総額1,440万円）	5名	無	有
	東京都地域医療医師奨学金（特別貸与奨学金）	貸与	6年総額2,800万円（修学費:6年総額2,080万円、生活費:6年総額720万円）	10名（予定）	有	有
	茨城県地域医療医師修学資金貸与制度	貸与	6年総額1,800万円（6年総額1,800万円）	2名	無	有
	新潟医師養成修学資金貸与制度	貸与	月額30万円（6年総額2,160万円）	1名	無	有
帝京大学	帝京大学地域医療医師確保奨学金	貸与	初年度:年額546万円、2年次以降:年額210万円	4名程度	無	有
	福島県地域医療師確保修学資金	貸与	月額23.5万円（予定）＋入学一時金（100万円上限）	2名	無	有
	千葉県医師修学資金貸付制度	貸与	月額20万円（6年総額1,440万円）	5名	無	有
	茨城県地域医療医師修学資金貸与制度	貸与	月額25万円	1名	無	有
	静岡県医学修学研修資金	貸与	月額20万円（6年総額1,440万円）	2名	無	有
日本医科大学	東京都地域医療医師奨学金（特別貸与奨学金）	貸与	6年総額2,920万円（修学費:6年総額2,200万円、生活費:6年総額720万円）	5名	有	有
	茨城県地域医療医師修学資金貸与制度	貸与	月額25万円（予定）	2名	有	有
	千葉県医師修学資金貸付制度	貸与	月額20万円（6年総額1,440万円）	他大学と合わせて9名(予定)、一般(地域枠)7名	無	有
	静岡県医学修学研修資金制度	貸与	月額20万円（6年総額1,440万円）	一般(地域枠)4名,大学特別枠・原則1年生より	無	有
北里大学	医学部特待生制度（入学時特待生）	減免	第1種:6年間の学費全額を免除（3,890万円）第2種:授業料一部免除（6年総額1,945万円）	若干名	無	ー
	相模原市地域医療医師修学資金貸付制度	貸与	6年総額3,890万円	2名	無	有
東海大学	医学部医学科特別貸与奨学金	貸与	年額200万円（6年総額1,200万円）	9名（付属推薦進学は除く）	無	有
金沢医科大学	金沢医科大学医学部特別奨学貸与制度	貸与	年額330万円（6年総額1,980万円）	約1名	有	有
	金沢医科大学医学部特待生制度	減免	初年度学納金450万円を免除（授業料:165万円、設備費更新:85万円、教育充実費:200万円）	10名	無	ー
愛知医科大学	愛知医科大学奨学金貸与制度	貸与	年額300万円（貸与決定の年度から卒業年度まで）	5名（2022年度）	無	有
	愛知県地域特別枠修学資金制度	貸与	6年総額2,010万円（[愛知県]初年度:月額17.5万円、2学年以降:月額15万円、[本学]初年度:年額450万円、2～6学年次:450万円(月額7.5万円)）	A・B方式各5名	無	有
大阪医科薬科大学	大阪府地域医療確保修学資金貸与制度	貸与	6年総額1,920万円（[大阪府]月額10万円、[本学]年額200万円）	2名	無	有
	学費減免制度（至誠仁術専願制）	減免	6年間で806.5万円を減免	3名	無	ー
近畿大学	静岡県医学修学研修資金	貸与	月額20万円（6年総額1,440万円）	10名(一般前6,一般後4)	無	有
	奈良県緊急医師確保修学資金制度	貸与	月額20万円（6年総額1,440万円）＋入学金100万円	2名	無	有
	和歌山県地域医師確保修学資金	貸与	月額20万円（6年総額1,440万円）	2名	無	有
兵庫医科大学	兵庫医科大学兵庫県推薦入学制度	貸与	6年総額4,480万円（[納付金]初年度:年額850万円、2年次以降:年額570万円、[生活費]年額130万円）	5名	無	有
川崎医科大学	静岡県医学修学研修資金貸与制度	貸与	月額20万円（6年総額1,440万円）	10名	無	有
産業医科大学	産業医科大学修学資金貸与制度	貸与	6年総額1,919万円（入学金:71.8万円,授業料:年額257.9万円,実習費:年額50万円）	全員	無	有

＊ 2022年11月下旬時点の情報です。各大学の制度の名称や金額、募集人員等は、変更される場合があります。詳しくは、各大学または該当する都道府県にお問い合わせください。

＊ 応募資格などの詳細は必ず入学試験要項などでご確認ください。

※1 出身高校や居住地など。

※2 卒業後に一定期間を大学が定めた地域の病院や診療所、地方自治体に勤務することにより、貸与された奨学金等の返還が免除される場合は「有」としています。

※大学独自の奨学金、自治体奨学金で、貸与等の金額が大きなものを一部抜粋しています。

Q_7 医学部に合格するために大切なことは？

A 最も大切なことは「医学部に絶対行く」という覚悟を決めることです。その上で合格のポイントになるのは「学力を伸ばす」「過去問を活用して志望大学の対策をする」「戦略的な受験大学選びをする」ことです。

医学部に合格するには、模試で高い偏差値が取れるくらいの学力が必要になります。高い学力を身につけるためには、学習の量よりも学習の質が大切です。学力を伸ばすための学習方法については、本文の Step 2・3・4 で紹介しています。

しかし、模試の偏差値が高くても合格できるとは限りません。模試の出題内容や形式と、実際に受験する大学の出題が大きく異なることが多いからです。ですから、過去問をうまく活用して、志望大学の出題傾向に合わせた対策が欠かせません。過去問を活用した対策の方法や面接・小論文対策については、本文の Step 5・6 で紹介します。また、受験生の学力の状況・特性と、大学の出題傾向との相性（マッチング）も考慮して受験する大学を選ぶのも 1 つの戦略です。これらについては、本文の Step 1 を参照してください。

いずれにしろ、さまざまな情報の中から自分に必要な情報を選んで活用することが、合格への最短ルートとなるのです。

また、2021年度以降は入試制度が変わったため、志望大学の情報は必ずウェブサイト等で確認し、正確な情報を手に入れておくことも大切です。

◆ 新しい入試制度で求められる学力とは

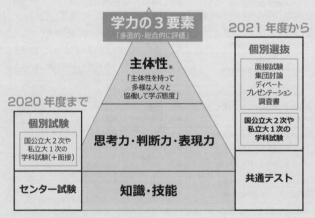

今後の入試で問われる思考力・判断力・表現力を培うためにも、**「学習の質＝正しい学習法」**を身につけることが大切です。

◆ 難関医学部に合格するためのポイント

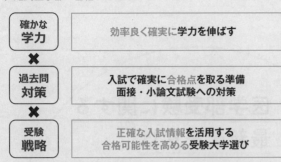

確かな**学力**	効率良く確実に**学力を伸ばす**

✖

| 過去問**対策** | 入試で確実に合格点を取る準備
面接・小論文試験への対策 |

✖

| 受験**戦略** | 正確な入試情報を活用する
合格可能性を高める受験大学選び |

志望大学の出題傾向から求められる学力を意識して効率良く学力を伸ばし、学科試験・面接・小論文の過去問を使って合格点を目指します。正確な入試情報も活用して、さらに合格の可能性を高めましょう。

◆ 出題傾向に合わせて効率良く学力を伸ばす

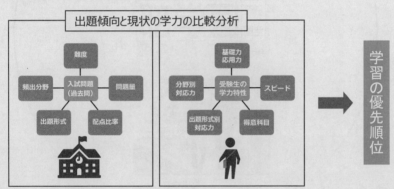

出題傾向と現状の学力の比較分析

難度 ／ 頻出分野 ／ 入試問題（過去問） ／ 問題量 ／ 出題形式 ／ 配点比率

基礎力応用力 ／ 分野別対応力 ／ 受験生の学力特性 ／ スピード ／ 出題形式別対応力 ／ 得意科目

学習の優先順位

志望大学の科目ごとの「配点比率」「難度」「問題量」「出題形式」「頻出分野」を分析し、自分自身の現在の学力状況と比較することで課題点を捉え、学習の優先順位を考え効率良く学習します。

◆ 受験校の戦略的決定
（マッチング）

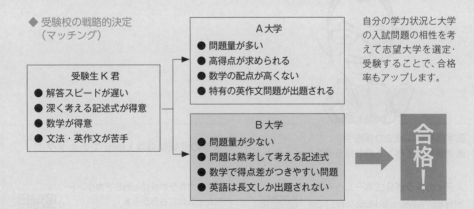

受験生 K 君
● 解答スピードが遅い
● 深く考える記述式が得意
● 数学が得意
● 文法・英作文が苦手

A 大学
● 問題量が多い
● 高得点が求められる
● 数学の配点が高くない
● 特有の英作文問題が出題される

B 大学
● 問題量が少ない
● 問題は熟考して考える記述式
● 数学で得点差がつきやすい問題
● 英語は長文しか出題されない

自分の学力状況と大学の入試問題の相性を考えて志望大学を選定・受験することで、合格率もアップします。

合格！

詳しくは本文を読んで「医学部合格」をかなえよう！

医学部受験に関する
最新データは
こちら↓!!

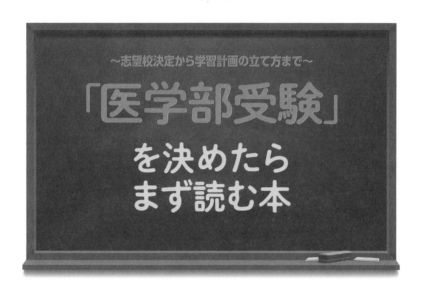

2024年度用

~志望校決定から学習計画の立て方まで~

「医学部受験」
を決めたら
まず読む本

はじめに

　医学部合格に至る「効率の良い道筋」があります。

　それが実践できれば、確実に医学部合格に近づきます。

　私は大学受験予備校で医学部受験生を32年指導してきました。この16年間は、医学部受験生をマンツーマン授業で指導する医系専門予備校メディカルラボで教務統括を務めています。ここでは、私たちのメソッドにより、2022年度入試までの16年間で延べ8,214人の生徒を医学部に合格させてきました。そして、2022年度入試では延べ1,270人と、全国の医系専門予備校で最も多くの医学部合格者を輩出しました。

　私たちは、これらの合格した生徒をマンツーマンで指導することで、従来の集団授業では把握しきれなかった、生徒一人ひとりが医学部に合格するまでの事細かな様子まで目の前で見ることができました。

　医学部に合格した生徒が実践していた「科目ごとの学習法」や「受験大学の対策法」などについて、ただ一人の例だけでなく、数多くの事例を検証し、これらを、医学部入試にチャレンジする生徒の学習指導に生かすことで、この16年間、毎年、合格者数を伸ばすことができたのです。

　本書では、8,214人もの医学部合格者の合格までの軌跡を基に導き出した、「医学部合格のために実行しなくてはならないこと」

を7つのステップに分けて解説しています。医学部に合格した先輩たちが通った道筋を見失うことなく、努力して進んでいけば、確実に医学部合格に近づけるはずです。

　また、ご存知のように2021年度入試から「大学入試センター試験（以下、センター試験）」が廃止され、「大学入学共通テスト（以下、共通テスト）」が導入されるなど、入試制度が大きく変わりました。2022年度入試では共通テストが急激に難化したため、これから医学部入試を目指す受験生の中には不安を感じている人もいるでしょう。しかしながら、この本を手にした皆さんにとっては、入試制度の変更はチャンスにもなり得ます。新たに導入された共通テストは、正しい道筋で努力した人と、そうでない人で差がつきやすい出題になるからです。

　今までのセンター試験で問われていた「知識」「技能」については、学習量やテクニックである程度対応できていたのですが、共通テストで問われる「思考力」「判断力」を身につけるためには、『学習の質』が重要になってきます。この『学習の質＝正しい学習法』を、合格した先輩たちは実行してきており、この本ではそれを皆さんにお伝えします。この本に書かれている内容は、共通テストの対策にも直結しているのです。

　私たちには、8,214人もの医学部合格者を目の前で見てきて確信したことがもう1つあります。医学部に合格するために「頭の良さ」や「勉強に対するセンスの良さ」は必要条件ではないということです。それよりも「医師を目指し、絶対に諦めない」とい

う受験生自身の覚悟・決意のようなもののほうが大切です。それさえあれば、正しい道筋に沿って努力することで、誰にでも医学部合格の可能性があるということを確信しています。

　もしあなたが「医学部に行く！」と決めたのなら、やみくもに勉強する前にまずこの本を読んでみてください。医学部合格までの正しい道筋がわかれば、効率良く合格に近づけるはずです。

「医学部に行く！」

　あなたの決断は間違っていません。最後まで自分を信じて頑張ってください。
「自分を信じて良かった」と心から思う日が、必ず訪れますから。

　2023年1月

メディカルラボ 本部教務統括　可児良友

医学部合格までのステップはこの7つ!

Step 1
未来への目標を設定する

Step 2
自分専用の合格計画を立てる

Step 3
合格に最も大切な基礎固めをする

Step 4
合格を決める思考力・応用力をつける

Step 5
面接・小論文対策で医師になる自覚を育てる

Step 6
戦略的に受験大学の対策をする

Step 7
入試本番で実力を発揮する

付録　医学部受験生の保護者の役割とは？

もくじ

※本書では、「医学部医学科」を「医学部」と表記しています。

本文デザイン　エムアンドケイ
イラスト　岡林玲

Step 1

未来への目標を設定する

医学部受験≒就職試験

詳しくはこちら！

① 自分が医師となった将来像を描こう

医師としての自分の使命を考える

「医師になることがあなたにとって本当にやりたいことですか？」
「あなたの夢はどんな研究をすることですか？」

　医学部の受験は、他学部の受験とは大きな違いがあります。医学部入試は他学部に比べ難度が高いことはもちろんですが、同時に医師・研究者になるための就職試験といっても過言ではないということです。

　医学部に合格したということは、将来、医師または研究者になることがほぼ決まったと言えます。法学部に合格しても将来、法律関係の仕事に就けるかどうかはわかりませんが、医学部に合格したら、将来、ほぼ確実に医療現場に立つことになるのです。ですから、医学部を目指すためには、受験生本人が医師になる覚悟を決める必要があります。医学部を受験するとなると、保護者からの期待も大きいと思いますが、周囲の期待がどうであれ、実際に受験するのは本人ですから、**本人が、心から医師になりたいという気持ちを強く持つことがとても大事**です。中学生ぐらいで医師になりたいと考える学生も多いのですが、その段階ではまだ曖昧で、「学校の成績も良い。親も医師になることを望んでいるから医師を目指そう」、あるいは「身内に医療関係者がいるから医師になろう」というように、漠然と考えているケースも多いようです。

　しかし、このような曖昧な考えでは、厳しい医学部入試を乗り

切れません。まずは、**自分の将来像を具体的に考えてみてください**。特に、まだモチベーションの低い段階では、このイメージが重要になってきます。まずは自分の将来像や医師としての未来像を、しっかりと思い描きましょう。

「医師になったあなたは、どんな活躍をしますか？」

「あなたの研究は世界にどのように役立ちますか？」

医師になるということは、人の命にかかわる大きな使命を与えられることになります。

「あなたの医師としての使命は何ですか？」

 ## 志望理由を書いてみよう

実際の医学部入試では、出願の際に志望理由書を提出させる大学も多く、面接試験でも志望理由を聞く大学がほとんどです。そのため、将来像や未来像を考えてみることは、志望理由書の作成や面接試験で志望理由を答える準備にもなります。したがって、早い段階から志望理由を整理しておくことは重要ですし、決して無駄にはなりません。

3つの時間軸で志望理由のイメージをデザインしてみましょう！

① 過去の自分　・医師になりたいと思ったきっかけは？
　　　　　　　　・医師になりたいという思いを強くさせた出来事は？

② 現在の自分　・自分が医師に向いていると思う適性は？
　　　　　　　　・医師になるために身につけるべき資質は？

③ 未来の自分　・将来、どんな医師になりたい？
　　　　　　　　・将来、どんな研究をしたい？
　　　　　　　　・将来、どんな人生を送りたい？

　志望理由書は、「過去の自分」「現在の自分」「未来の自分」という３つの時間軸でイメージデザインすることから始まります。

　そのイメージを基にして、まず志望理由書を1,200〜1,600字程度で書いてみましょう。

　実際には1,200字以上の志望理由書が必要となる大学はむしろ少ないでしょう。しかし、厳しい医学部入試を乗り越えるためには、できるだけ具体的に、なおかつ詳細に自分の考えを整理し、医師の志望理由や理想の医師像を自分の中で明確にする必要があります。そのためには最低でも1,200字程度で志望理由を書いてほしいのです。

　頭の中で漠然と、「将来は医者になる」と考えているのに比べ、実際に文章として志望理由をまとめる作業は、自分の中にある漠然としていた「医師になるイメージ」を整理し、また自分を客観的に見る訓練となります。

　自分の考えを整理し、それを文章にし、書いたものを読み直して納得がいかないところは書き直し、書いているうちにまたイメージが膨らみ、ということを繰り返しているなかで、「自分は本当に医師になるんだ」という自覚が固まってきます。この「自覚」が固まるということが学習面にも良い影響を与えます。

　自分から主体的・能動的に医師を目指す「自覚」があれば、受験勉強に対する姿勢も変わり、学習の質が向上するはずです。目的のない勉強でなく、明確な目的・目標を持った勉強に変わってきます。ですから、**受験勉強が本格化する前に志望理由書を書くことは、最短で医学部に合格するために重要なこと**なのです。

　では、具体的にはどのように志望理由書を書けば良いのでしょうか。自分が医師を目指すにあたっての「過去」・「現在」・「未来」を次の①から⑤の視点で考え、整理・構成して書いていきます。

あなたはどんな医師になりたいですか？
志望理由を構成してみましょう！

① 将来、どのような医師になりたいか ・・・・・ 未　来 の自分

② 医師を目指すようになった動機・きっかけ ・・ 過　去 の自分

③ 医療と社会の関係（現在・未来）・・・・・・・ 現　在・未　来 <u>の社会</u>

④ 医師としての適性 ・・・・・・・・・・・・ 現　在・過　去 の自分

⑤ 大学卒業後の希望 ・・・・・・・・・・・・ 未　来 の自分

※「なぜその大学なのか」も受験大学ごとに準備する。

① 将来、どのような医師になりたいか

　まずは「未来の自分」です。**将来像や未来像を描くためのポイントは「どういう医師、どういう研究者になりたいか」ということ**です。志望理由書の中で最も大切なのがこれになります。未来についてはできるだけ具体的に考えてください。「自分が考える理想の医師像とは」、「自分がなりたい素敵な医師とはどんな人か」などと自問し、自分の将来像を**映像化できるくらい、かなり詳細にそのイメージを考えましょう。**よく志望理由書に「患者に信頼される医師になりたい」、「地域医療に貢献する医師になりたい」、「患者の気持ちへの想像力・共感力を持った医師になりたい」などと書かれていますが、そこからさらに掘り下げて自問してください。例えば、「地域医療に貢献する医師になりたい」と考えた場合、右ページの図のように、「地域医療に貢献する医師」を基に10個程度は具体化する質問を考え、その答えをイメージしてみましょう。

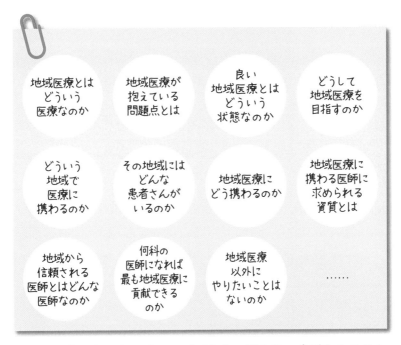

地域医療とはどういう医療なのか

地域医療が抱えている問題点とは

良い地域医療とはどういう状態なのか

どうして地域医療を目指すのか

どういう地域で医療に携わるのか

その地域にはどんな患者さんがいるのか

地域医療にどう携わるのか

地域医療に携わる医師に求められる資質とは

地域から信頼される医師とはどんな医師なのか

何科の医師になれば最も地域医療に貢献できるのか

地域医療以外にやりたいことはないのか

……

STEP 1

　それでも、なかなかイメージできない場合は、身近なところから考えていきます。例えば、テレビドラマや漫画にも医師が出てくる話はいくつかありますから、それを題材にして「どんな医師が理想に近いか」、「好きなドラマでは医師がどのように医療に取り組んでいたか」などを切り口に考察していくと、なりたい医師像を大まかにイメージしやすいでしょう。また、病院で働く医師の仕事には、診療以外にも患者さんと接する機会があるでしょう。

　単純に、患者さんの病気を治すだけではなく、精神面でのサポートや、家族の不安を和らげることも必要になってくるなど、いろいろな場面が考えられます。さらに患者さんへの対応だけでなく、他の医療スタッフへの対応や他の診療科との連携など、さまざまな役割が出てきます。こう考えていくと、医師の仕事は非常に広範囲に及ぶものであるということを自覚するようになります。

あるいは、自分史を考えてみるのも良いでしょう。「10年後の自分、20年後の自分、30年後の自分、40年後の自分……」と、これから自分がつくり出していく未来を考えるとさらに具体的になります。「50代になったらこういうことができる医師になっていたい」ということを思い描き、「医師になった自分は、世の中にどのように貢献しているのか」といったことを考えてみます。このように、「医師になったら自分が社会の役に立ち、貢献できる」と思うことは、高いモチベーションにつながるはずです。

 ## ② 医師を目指すようになった動機・きっかけ

「過去の自分」については、「どのようなきっかけがあって医師になろうと思ったのか」、「医師になろうという思いが強くなるような出来事は何だったのか」など、**医師になろうと考えた理由や動機になる印象深い出来事について考えます。**

例えば、自分や家族が、医師に感謝するような出来事がありませんでしたか？　それ以外でも「医師を目指そう」と考えるきっかけとなった印象深い出来事はありませんでしたか？　これは重要なモチベーションになるので、自分が医師になろうと考えるきっかけとなった具体的な状況、そのときどのように考えたのかということを明確に認識する必要があります。

ある国立大の医学部に入った生徒の、実話に基づくエピソードをご紹介しましょう。彼はお父さんが開業医でしたので、小さい頃から医師になることをなんとなく考えていたそうです。しかし、進んだ高校が進学校ではなかったので、いったんは医学部進学を諦め、工学部の建築学科を目指していました。

猛勉強して国立大医学部に合格

STEP
1

ところが、お父さんから「できれば医学部に行ってほしい」と言われるようになりました。あるとき、患者さんの家族からもらった手紙を読ませてもらい、そこにこうあったそうです。

「妻は末期がんで先生にお世話になりましたが、先生が妻の気持ちに寄り添ってくださり、私たち家族にも心を配って支えていただいたおかげで、辛いながらも幸せな最期を過ごすことができました」

　そして、医師という職業について初めて真剣に父子で話をして、医師の仕事はただ病気を診るだけでなく、心を診ることも大切な役割だと感じ、自分も患者さんの心に寄り添うことのできる父のような医師になりたい、そのためには医学部に進まなければ、という気持ちを強くしたそうです。実は医学部を受験することを高校の先生に伝えた際に、「君の学力では合格できるわけがない。2浪しても無理だ」と言われていたのですが、どうしても医師になりたいという熱意が受験勉強を後押しし、成績もアップして、彼の高校から初めての国立大医学部合格者になったのです。

　こうした**「医師になろうとしたきっかけ」**や**「その気持ちがさらに強くなった理由」**は、志望理由を書くうえで欠かせない要素であり、医師になりたいという動機を強くアピールする意味でも大切になります。

③ 医療と社会の関係（現在・未来）

「医療と社会の関係」も志望理由書の中では重要な位置を占めます。特に、大学に志望理由書を提出する場合は「医師として社会に貢献する」ということを必ず具体的に書いてください。

医師を目指している受験生が、自分のことだけを考えていてはいけません。**現在や未来の社会に対する広い視野を持ち、自分のためだけでなく社会に貢献したいという使命感**を持っていてほしいと思います。それは面接試験でも強いアピールになりますし、自分が将来、世の中の役に立てるということは強いモチベーションになります。ですから、現在や未来の社会の中で、「医師や医療の役割が高まっている」という社会的背景や医師の社会的役割についての考えを深めておくことも大切です。社会的背景の例としては、「新型コロナウイルスが浮き彫りにした医療の課題」、「現代社会が超高齢社会になっていること」や「医師の地域偏在や診療科偏在による地域医療の空洞化」、「iPS細胞やES細胞により新たな再生医療の実現が期待されていること」、「AIやICT、ロボット技術などの医療への活用が進んでいること」などが挙げられます。例えば超高齢社会が進むと、生活習慣病、慢性病、慢性期疾患を抱えた高齢者の数がますます増えていくことになります。こういった超高齢社会の問題を解決するため、厚生労働省が地域包括ケアシステムの構築に取り組んでいることなども、医療と社会のかかわりを考える1つのきっかけになります。現代社会の背景として、私たちの社会が超高齢社会になっているという認識もとても重要なのです。「患者さんの病気を治すのが医師の仕事」と考えている受験生もいますが、超高齢社会では治らない病気を抱えた多くの高齢者と患者—医師関係が続くことになります。

また、地域医療にかかわろうと考えた場合、医師偏在に伴う地

域医療の空洞化についても考えを広げておいてほしいと思います。日本の医療を支える医師になろうとしているのであれば、その中で自分はどのように社会に貢献したいのかを考えておくことは、最低限必要なこととも言えます。

　これらはあくまでも1つの例です。日頃から医療に関するニュースには興味・関心を持ってアンテナを張っていてほしいですし、それらの問題について、自分は将来どう貢献できるのかも考え、それを明文化することが大切です。

 ## ④ 医師としての適性

　次に、「現在の自分」について考えます。将来、理想の医師になるために、すでに自分に備わっていると思える資質（コミュニケーション能力、リーダーシップ、倫理観、生命を大切にする思いなど）があれば、いくつか挙げてみましょう。そのうえで、次は「過去の自分」を考えます。これらの資質を自分が備えていると言えるような経験をしているのであれば、それを具体的になおかつ積極的にアピールしてください。例えば、学校でリーダーシップを発揮した経験や、ボランティアとして社会のために奉仕した経験、部活動でいろいろな人の考えを尊重しながらチームの意見をまとめた経験、生命の大切さを実感することになった経験、人の役に立つことに大きな喜びを感じた経験など、医師として必要な考え方や人間性の素地として自分が経験的に身につけていることを具体的に書き出して整理してみましょう。そういったことが、すでにたくさん備わっているのであれば、あなたは医師になるべき人だと言えます。あなたが医師になることが必然だと考えれば、自信を持って受験勉強に臨めるし、面接試験でもうまくアピールできるはずです。

⑤ 大学卒業後の希望

　最後に、大学卒業後の進路を考えてみます。大学を卒業しても
すぐにあなたの理想とする医師になれるわけではありません。医
師としての経験が少ないままでは、まだ理想の医師には程遠い状
態でしょう。あなたが考える理想の医師になるために、卒業後に
どこで、どんな働き方をしたいのか、その経験で何を身につける
のかも考えてみてください。医師としての知識も技能も考え方も、
すべては経験によって磨かれていくはずです。それに加えて、医
学は常に進歩し、新しい診断法・治療法が次々に出てきている現
代では、理想の医師として働き続けるためには卒業後も学び続け
る必要があります。

　藤田医科大学のホームページに記載されている、「総合型選抜」
に出願する際に提出する書類の記入例を次ページに載せました。

　大学卒業15年後の目標から逆算して、大学入学後の大学生活
や、卒業後に医師・研究者としてどのような経験を積んでいくの
かというビジョン例が書かれています。このように、大学に入っ
てからのビジョンを明確にすることは、理想の将来を手に入れる
ための第一歩になりますし、高いモチベーションにもなるはずです。

　さて、いずれにしても、医師になるためには、まず、医学部に
合格しなければなりません。医療の現状・現場や抱えている問題、
社会から求められている医療や医師像を理解し、そこに自らの理
想を重ね合わせ、目指す医師像を明確にすることが医学部合格へ
の第一歩であり、医師への第一歩でもあります。強い信念を持っ
て医学部を目指せるよう、しっかり自分と向き合い、考えを深め
てください。

未来目標とそれを実現するための
ビジョンを記入してみましょう！

【未来目標】

卒後15年目には国際的にもある程度認知されたがん研究者となると同時に、優れたがん治療医として活躍したい

【未来目標から遡る実現プラン】

卒後10年目〜：国内外大学病院・研究所で研究・臨床をトップレベルで遂行

卒後5年目〜9年目：海外の世界トップの研究所・大学で研究・臨床に従事し、世界レベルの業績実績を上げる

卒後3年目〜5年目：藤田医科大学および関連施設で専門医研修を完遂させると同時に、さらなる研究成果を上げる

卒後3年目：これまでの研究成果をまとめ、大学院を早期修了し学位を取得

卒後1年目〜2年目：藤田医科大学病院で臨床研修医として幅広く研修を行うと同時に、社会人大学院生としてこれまでの研究を完成させる

学部6年生：前期は海外の研修病院での臨床実習を行う。後期からは国家試験対策と同時にこれまでの研究のまとめも行う。国際一流紙への第一著者として論文公表を数本行う

学部4年生後半〜5年生：参加型臨床実習において、一般では臨床研修医レベルの習得事項を先取りして習熟。特に特別指導を受ける診療科でのサポートによる先取り研修、および研究も継続して行う

学部3年生〜4年生前半：student researcher制度を利用し、がん研究を行う診療科での指導を受け研究を遂行する。また将来専攻する診療科を決め特別指導を仰ぐ

学部2年生：将来志望するがん医療に関連する基礎医学研究室にstudent researcherとして参加し、研究者としての修練を開始する。研究室配属期間は関連する海外の研究室での研修を行う

学部1年生：広く学内の研究室・診療科を紹介してもらうことで将来の自分の目標を確定していく。海外での研究・研修に備えて英語によるコミュニケーションスキルを上げる

出典:ふじた未来入学試験ビジョン12（課題レポート）記入例

このように、卒業後にさらに理想の医師になるためには、どのような努力をしていくのかを最後にまとめてみましょう。

なぜ医学部を目指すのか、
志望理由書作成の準備をしてみましょう！

STEP
1

【志望理由書のチェックポイント】

１．あなたは本当に医師・研究者になりたいですか？

①あなたは医師・研究者になると自分で決めていますか？

②医師・研究者になるためにどんな困難も乗り切ろうという覚悟はありますか？

２．将来、どんな医師・研究者になりたいですか？

①あなたの理想とする（憧れる）医師・研究者は誰ですか？

②その医師・研究者の何に憧れますか？

③あなたが医師・研究者として大切にしたいことは何ですか？

④将来のあなたがほかの医師・研究者よりも優れている点があるとしたら何ですか？

⑤あなたは医療・研究のどういう分野に関わりたいですか？

⑥あなたはどこで、どのように医療・研究に関わりたいですか？

⑦大学卒業して10年後、医師・研究者としてどんな活躍をしていますか？

⑧大学卒業して20年後、医師・研究者としてどんな活躍をしていますか？

⑨50年後、医師・研究者としての人生を振り返って何を思いますか？

⑩あなたの理想の医師像・研究者像を描いてください。

※自分の将来像を映像化できるくらい詳細に考えましょう。

3．医師・研究者になろうとしたきっかけは何ですか？

①いつから医師・研究者になろうと思いましたか？

②何がきっかけで医師・研究者になろうと思いましたか？

③医師・研究者になりたいという思いが強くなった理由は何ですか？

④あなたは何のために医師・研究者になるのですか？

4．医療・研究を通じて社会にどのように「貢献」しますか？

①これから医療はどのように進化していくと思いますか？

②未来の医療を良くするために必要なことには何がありますか？

③どんな新しい技術や診断法、治療法が開発・導入されたらいいと思いますか？

④日本（世界）の医療は今、どんな問題を抱えていますか？

⑤あなたが医師・研究者になったとき、日本（世界）の医療にはどんな問題が起きていますか？

⑥地域医療はどんな問題を抱えていますか？

⑦あなたはその問題の解決について何に取り組みたいですか？

⑧あなたは医師・研究者として地域・日本・世界・社会にどのように貢献したいですか？

※医師・研究者としてどんな使命を全うするのか、詳細に考えましょう。

５．あなたが医師・研究者に向いているのはどういうところですか？

①医師・研究者に求められる資質には何がありますか？

②あなたの長所・短所は何ですか？

③あなたは家族・友人など周りの人からどんな人だと言われますか？

④あなたが理想の医師・研究者になるために身につけなければならないことは何ですか？

⑤あなたが医師・研究者に向いているのはどういうところですか？

※あなたが医師・研究者への適性があることを示す過去の経験の具体例を挙げましょう。

６．大学や大学卒業後にどんな経験をしたいですか？

①自分の理想の医師・研究者になるために大学で力を注ぎたいことは何ですか？

②臨床実習では何を身につけたいですか？

③大学卒業後、初期研修では何を身につけますか？

④後期研修で身につけたいことは何ですか？

⑤大学卒業後、10年後までにどんな経験を積んでおきたいですか？

⑥大学卒業後、20年後までにどんな経験を積んでおきたいですか？

⑦それらを理想の将来像にどのように生かしますか？

② 本当に目指したい 志望大学を決めよう

「この大学に行きたい」具体的な理由を見つける

　次に、どの大学を目指すべきかを考えていきます。医師の資格を取得できるなら、どの大学の医学部でも良いと考える人も少なくありません。しかし、入学できればどこでも良いと考えていては、勉強へのやる気も出てこないうえに、入試対策に困ります。**同じ医学部でも大学によって入試問題の傾向は違いますから、できれば早めに行きたい大学、志望する大学を決めるべき**です。

　志望大学を決める場合、ただ何となく行きたいというよりも、下記のように、**具体的な理由**を見つけましょう。

具体的な理由例

教授の著書を読んで感銘を受けた。
この教授に学びたいからこの大学に行きたい

自分がやってみたい心臓外科の研究が盛んだから、
この大学で学びたい

地元で地域医療に携わりたいので、
地元の大学に行きたい

　行きたい大学がいくつか見つかったら、オープンキャンパスに足を運んでみましょう。施設・設備の見学、模擬授業、入試説明会などがありますから、自分で体験し、自分の目で確認することができます。また、その大学の学生と話をする機会もあり、大学の魅力など、身近な年代から意見を聞くことができます。こうした学生の生の声は心に響き、本当に行きたい大学を選ぶ重要なポイントとなります。

　志望大学を決めるときに、難度が高いからという理由で合格偏差値の低い大学へと簡単に志望を下げてしまう受験生もいますが、そんな理由で志望を下げてはいけません。「入りたい大学」を目指すことが、勉強へのモチベーションになりますし、高い目標を持つことで成績が大きく伸びることもよくあるからです。**努力の質・量を上げるためには、目いっぱい努力しなければ到達できない目標を掲げることが重要です。「高い目標を掲げた受験生は奇跡を起こせるが、低い目標では奇跡は起きない」**と言っても過言ではありません。

目標を掲げたからには絶対諦めないと覚悟を決める

　そして、目標を掲げたからには、絶対に諦めないと覚悟を決めることです。**諦めなければ絶対に到達できる**、と自分を信じ切る強さも必要です。

　例えば模試でD判定やE判定を取ったときは、誰しもモチベーションが下がりますが、ここで諦めてしまえば、その瞬間ですべてが終わってしまいます。たとえE判定だったとしても、「今の時点では、たまたまこの問題ができないだけだ」と割り切り、「入試本番までにできるようにすれば良い」と気持ちを切り替えるこ

とが大切です。「絶対に合格ラインに到達できる」と自分を信じ切ることです。

　私が担当した生徒で、東京のある私立大医学部に合格した生徒のエピソードをご紹介しましょう。彼は地方の公立高校の出身ですが、進学校というわけではなく、成績もそれほど良いほうではありませんでした。通常、彼の成績だと、それほど難度の高くない大学を目指したくなるものですが、彼よりも先に医学部に入学した友人からいろいろ話を聞いているうちに、自分が望む医師像を目指すなら、東京の御三家と呼ばれる伝統ある大学に行きたいと思うようになりました。彼が受験したい大学は、私立大でも難関で、とりわけ英語は、問題形式が多様で設問数が多く、問題の難度が高いことで知られています。ですから、英語はさまざまなタイプの問題に数多く取り組む必要がありますし、数学も理科も相当に頑張らなければ合格点には届きません。

　まわりの友人の中には「そんなにレベルの高い大学には合格できるわけがない」と言ってくる人もいましたが、彼は「合格するまで絶対に諦めない。諦めなければ絶対に合格できる」と信じて必死に努力を続けました。すべての科目でわからないことがあると、納得できるまで先生に粘り強く質問し、間違えた問題は、自力で解けるようになるまで10回も20回も解き直しました。こうやって、彼は諦めることなく必死になって勉強し、2年浪人して第一志望の大学に合格することができました。最初から、「医学部ならどこでも良い」という考えで受験していたら、おそらくどこの大学にも受かっていなかったと思います。

　医学部に合格するためには、「頭の良さ」や「勉強に対するセンスの良さ」以上に、**自分を信じて絶対に諦めない、強い覚悟・決意が不可欠**です。これまで多くの生徒をマンツーマンで指導し、目の前で医学部に合格していく姿を見てきた中で、私はそう確信しています。

🌸 絶対に諦めずにつかんだ合格

③ 合格に近づくための「戦略的な受験大学選び」とは？

同じ医学部でも出題傾向は大学によって大きく異なる

　自分が行きたい大学にこだわることが最も大切であることは間違いありません。しかし、その一方で、自分にとって合格しやすい大学という点も視野に入れて、戦略的に準備を進めていく必要があります。問題自体の難度、試験時間に対する問題量、頻出分野、出題形式、配点など、大学ごとの特徴を踏まえ、自分の学力特性との相性を考えて受験大学を決めることになります。

　一般的には模試の偏差値を基準に決めがちですが、医学部の場合はハイレベルな戦いになり、また模試の問題と大学ごとの入試問題は異なるため、**模試の偏差値と実際の合否が一致しない場合が多く、偏差値だけでは選べません。**したがって、**入試問題の難度や出題傾向など、いろいろな条件を調べる必要**があります。

　29〜31ページに、2022年度の国公立大医学部2次試験の合格最低得点率の目安を挙げました。それぞれのグラフで大学名が上のほうにあるのは、大学の偏差値レベルに対して比較的入試問題の易しい大学グループ、大学名が下のほうにあるのは比較的入試問題が難しい大学グループです。

　横軸の目盛りは全統共通テスト模試に基づいて、河合塾が設定した2023年度の共通テスト目標得点率です。

国公立大学医学部〈前期〉
共通テスト目標得点率［2023年度］／2次合格最低得点率［2022年度］

各大学の共通テスト目標得点率（2023年度）と2次試験の合格最低得点率（2022年度）を、
分布図にまとめたものです。問題の難度が高くなるほど、2次試験の合格最低得点率が低くなります。

STEP
1

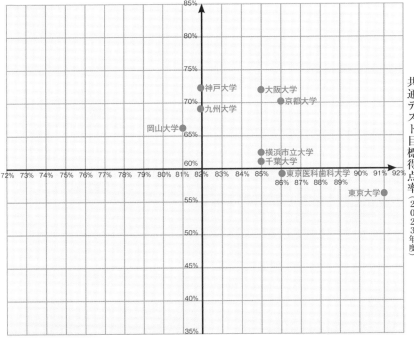

偏差値
67.5以上

2次試験 合格最低得点率（2022年度）

共通テスト目標得点率（2023年度）

偏差値67.5以上

■国立　■公立

偏差値	大学名	共通テスト目標得点率	2次試験合格最低得点率
72.5	東京大学	91%	56.2%
	京都大学	86%	70.2%
70.0	東京医科歯科大学	86%	59.4%
	大阪大学	85%	72.0%
67.5	横浜市立大学	85%	62.4%
	千葉大学	85%	61.0%
	神戸大学	82%	72.2%
	九州大学	82%	69.1%
	岡山大学	81%	66.2%

※弘前大学、東北大学、新潟大学、群馬大学、山梨大学
　については、上記の分布図および表の作成に必要な
　データが公表されていないため掲載していません。
※「共通テスト目標得点率」は、「第2回 全統共通テス
　ト模試」の志望動向をもとに河合塾が設定した2023
　年度一般選抜の「共通テストボーダー得点率」（2022
　年9月現在）です。
※「2次試験合格最低得点率」は、2022年度入試におけ
　る各大学の合格最低点〔共通テスト＋2次〕到達に必
　要な、2次試験の得点率です。
※ボーダー偏差値は「第2回 全統記述模試」をもとに
　河合塾が設定した2023年度一般選抜の予想ボー
　ダーライン（合格可能性50%ライン／2022年9月現
　在）です。

２次試験 合格最低得点率（2022年度）

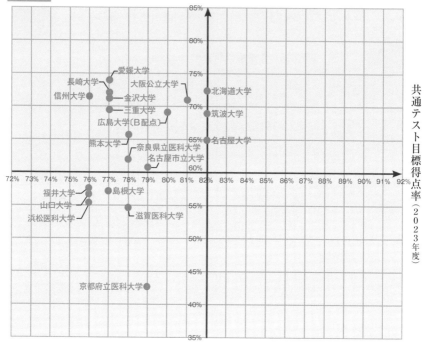

偏差値65　■国立　■公立

偏差値	大学名	共通テスト目標得点率	２次試験合格最低得点率
65	北海道大学	82%	72.5%
	筑波大学	82%	69.4%
	名古屋大学	82%	64.8%
	大阪公立大学	81%	70.9%
	広島大学〔B配点〕	80%	69.2%
	名古屋市立大学	79%	60.6%
	京都府立医科大学	79%	43.0%
	熊本大学	78%	66.0%
	奈良県立医科大学	78%	61.6%
	滋賀医科大学	78%	54.7%
	愛媛大学	77%	73.7%
	長崎大学	77%	72.1%
	金沢大学	77%	71.3%
	三重大学	77%	69.7%
	島根大学	77%	57.5%

B判定偏差値	大学名	共通テスト目標得点率	２次試験合格最低得点率
65	信州大学	76%	71.6%
	福井大学	76%	57.9%
	山口大学	76%	57.1%
	浜松医科大学	76%	56.1%

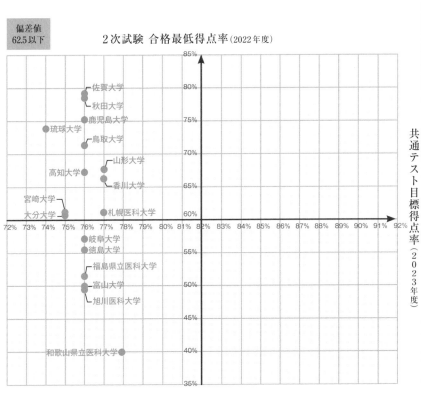

2次試験 合格最低得点率（2022年度）

偏差値
62.5以下

共通テスト目標得点率（2023年度）

■国立　■公立

偏差値62.5以下

偏差値	大学名	共通テスト目標得点率	2次試験合格最低得点率
62.5	和歌山県立医科大学	78%	39.8%
	山形大学	77%	67.7%
	香川大学	77%	66.5%
	佐賀大学	76%	79.2%
	秋田大学	76%	78.7%
	鹿児島大学	76%	75.3%
	鳥取大学	76%	71.4%
	高知大学	76%	67.3%
	岐阜大学	76%	57.2%
	徳島大学	76%	55.5%
	福島県立医科大学	76%	51.5%
	富山大学	76%	49.9%
	旭川医科大学	76%	49.5%
	宮崎大学	75%	61.2%
	大分大学	75%	60.6%

偏差値	大学名	共通テスト目標得点率	2次試験合格最低得点率
62.5	琉球大学	74%	73.9%
60.0	札幌医科大学	77%	61.1%

このように、大学によって問題自体の難度や問題量はもちろん、頻出分野や出題形式なども異なるので、**偏差値だけを見て「入りやすそうだ」と受験大学を選ぶと、思うように得点できずに、大失敗してしまうことがよくあります。**ですから、過去問や合格最低点を見て自分が対応できる大学、自分の長所を生かせて短所はあまり弱点にならない大学をどう見つけるかが重要になります。

　また、同じ大学でも科目ごとに難度や分量にバラツキがあります。下に一部の私立大医学部について科目ごとの難度と問題量を比較した表を挙げましたが、2022年度の慶應義塾大学や大阪医科薬科大学では英語に比べ数学が難しくなっています。このため、英語に比べ数学のほうが得意な受験生がやや有利になります。これに対して、2022年度の昭和大学、東京医科大学、金沢医科大学などでは英語に比べ数学の難度が低くなっています。東京医科大学の数学は問題が易しく、分量も多くないので、数学が苦手な人

私立大学医学部 科目ごとの難度と問題量の例

大学名	問題難度／分量 ［2022年度入試分析結果］				
	英語	数学	化学	生物	物理
慶應義塾大学	標準	やや難	やや難	やや難	やや難
	多い	多い	多い	多い	適量
大阪医科薬科大学	標準	やや難	標準	標準	標準
	適量	適量	多い	適量	多い
昭和大学（Ⅰ期）	やや難	標準	やや難	標準	標準
	多い	適量	多い	適量	少ない
東京医科大学	標準	易	標準	やや難	標準
	多い	少ない	多い	多い	非常に多い
金沢医科大学（前期）	標準	易	易	易	標準
	多い	適量	適量	適量	適量

■『2023年度用 全国医学部最新受験情報』には、全私立大医学部の分析結果が掲載されています。書籍の詳細については右のQRコードからメディカルラボのHPでご確認ください。

でも不利になりにくいのです。このように自分の学力特性と各大学の出題傾向を照らし合わせて考え、合格の可能性が高くなる大学を選ぶと良いでしょう。

　さらに、自分の分野ごとの得意・不得意と大学ごとの頻出分野を比較することで、より相性の良い出題の大学を考えることもできます。下に一部の大学について出題傾向と出題分野を比較した表を載せました。日本医科大学は数学Bと数学Ⅲが中心で時間に対する分量が多い出題なのに対して、東邦大学はいろいろな分野から標準レベルの問題が出題されていることがわかります。得意な分野が頻出し、苦手な分野があまり出題されない大学を選ぶことができれば、より合格の可能性が高まります。

2022・2021・2020・2019年度 出題傾向と出題分野 【数学】

大学名		問題全体の難度 易 / 標準 / やや難 / 難	時間に対する分量 少ない / 適量 / 多い / 非常に多い	数学Ⅰ 数と式・集合と命題・図形と計量・データの分析・2次関数	数学A 図形の性質・整数の性質・場合の数・確率	数学Ⅱ 図形と方程式・式と証明・複素数と方程式・三角関数・指数関数・対数関数・微分法・積分法	数学B 空間ベクトル・平面ベクトル・数列	数学Ⅲ 複素数平面・平面上の曲線・関数・極限・微分法の応用・積分法の応用
日本医科 大学	2022				●		● ●	● ●
	2021			●		●	● ●	● ●
	2020						● ●	●
	2019						●	
東邦大学	2022							
	2021							
	2020			● ●	● ●	● ●		
	2019			●	● ●			
聖マリ アンナ 医科大学	2022			●		●	●	
	2021			● ●			●	
	2020			●		● ●		
	2019			●		●		
金沢医科 大学	2022							●
	2021					●	●	●
	2020					● ●	●	● ●
	2019				● ●			● ●
近畿大学	2022				●	●		
	2021				●	●		
	2020			●	● ●			
	2019				●			

■『2023年度用 全国医学部最新受験情報』には、全私立大医学部の分析結果が掲載されています（32ページのQRコード参照）。

自分にとって「相性の良い大学」とは？

　配点についても、さまざまなパターンがあるので、自分の得意科目を生かせる大学を探してみる必要があります。自分の得意とする科目の配点が高く、苦手な科目の配点が低い大学ほど得点率を高められます。ですから、志望大学の配点型にも注目しておきましょう。

　例えば、下表の配点で、数学と理科は得意だが英語や国語などの文系科目がやや苦手という受験生が、滋賀医科大学と大阪公立大学とを比較した場合、共通テストの配点および個別試験の配点ともに、大阪公立大学の配点のほうが得点率が高くなる計算になります。広島大学の場合は、前期日程でA(s)配点（理科重視型）とA(em)配点（英数重視型）、B配点（各教科均等型）という3つの配点型を用意し、まずA(s)配点とA(em)配点で2分の1の合格者を決定し、残りの合格者はB配点（一般型）で決定してい

2023年度 国公立大学医学部 科目別配点（抜粋）

	共通テスト							個別試験（一般・前期）						
	英語 (200)	数学 (200)	国語 (200)	理科① (100)	理科② (100)	地歴·公民 (100)	合計 (900)	英語	数学	理科①	理科②	国語	面接	合計
札幌医科大学	150	150	150	100	100	50	700	200	200	100	100	—	100	700
秋田大学	100	100	100	100	100	50	550	100	100	—	—	—	200	400
横浜市立大学	300	200	200	100	100	100	1000	400	400	300	300	—	段階	1400
名古屋市立大学	125	125	125	50	50	75	550	300	300	200	200	—	200	1200
滋賀医科大学	100	100	200	50	50	100	600	200	200	—	—	—	段階	600
大阪公立大学	100	200	100	100	100	50	650	200	300	150	150	—	※2	800
奈良県立医科大学	200	200	100	150	150	100	450※1	150	150	150	—	—	※2	450
和歌山県立医科大学	150	100	100	75	75	100	600	200	250	125	125	—	※2	700
広島大学（2次:A(s)配点）	200	200	200	100	100	100	900	300	300	600	600	—	段階	1800
広島大学（2次:A(em)配点）	200	200	200	100	100	100	900	800	800	100	100	—	段階	1800

※1　共通テスト得点の合計を前期は1/2倍の450点満点に、後期は1/3倍の300点満点に換算する。
※2　点数化せず。

　■『2023年度用 全国医学部最新受験情報』には、全国公立大医学部の科目別配点一覧が掲載されています（32ページのQRコード参照）。

ます。特定の科目が得意な受験生は、A配点での得点率を高められますので、得意な科目を徹底的に対策して、さらに高得点を取れるようにしておくと、合格の可能性が飛躍的に高まります。

　私立大は英語・数学・理科2科目の3教科4科目という大学が圧倒的に多く、国際医療福祉大学、順天堂大学、東邦大学は英語の配点が高くなっています。理科の各科目についても、英語、数学と同じ配点の大学もあれば、英語、数学よりも低い配点の大学もあります。また、出題傾向にもいろいろなタイプがあり、問題量が極端に多い大学や、マークシート式でスピードが必要な大学は、じっくり考えるタイプの受験生には向きません。

　こうした**配点や出題傾向を考慮した、受験大学の戦略的選定（マッチング）も重要**です。

　まずは大学の入試問題を分析します。分析するのは下の5つの項目です。

　これらの5つの項目について、自分にとって有利になるか不利になるかを考えていきます。これについては自分でもある程度できそうですが、私が教務統括を務めているメディカルラボはマンツーマン授業なので、医学部入試に精通したプロ講師が生徒ごとに5つの項目について客観的に細かく分析できます。それを基に、

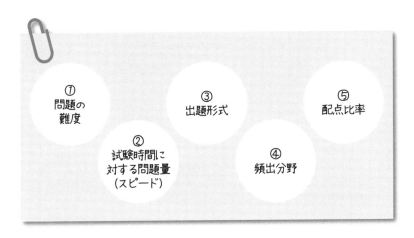

① 問題の難度
② 試験時間に対する問題量（スピード）
③ 出題形式
④ 頻出分野
⑤ 配点比率

**マッチングによる受験大学選定は
こんなイメージです！**

入試問題との相性分析

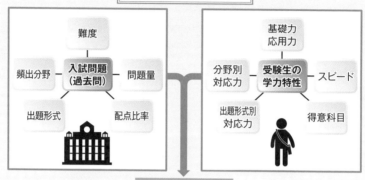

難度
頻出分野　　入試問題（過去問）　　問題量
出題形式　　　　　配点比率

基礎力
応用力
分野別対応力　　受験生の学力特性　　スピード
出題形式別対応力　　　　得意科目

受験大学選定

> 問題の難度、問題量、頻出分野、出題形式など、
> それぞれの項目ごとに相性を見て受験大学を選びます。

Kくんの場合は

A大学
- 問題量が多い
- 高得点が求められる
- 数学の配点が高くない
- 特有の英作文問題を出題

受験生K君
- 解答スピードが遅い
- 深く考える記述式が得意
- 数学が得意
- 文法・英作文が苦手

B大学
- 問題量が少ない
- 問題は熟考して答える記述式
- 数学で得点差がつきやすい
- 英語は長文しか出題されない

→ **合格！**

C大学
- マークシート式でスピードが必要
- 合格者の平均点が常に高い
- 数学は易しい問題
- 英語は文法の比率が高い

> 大学の出題傾向を比較してみると、問題量が少なく、
> 記述式で、数学は得点差がつきやすく、英語は長文しか
> 出題されないB大学が、最も相性が良いということになります。

その生徒の学力特性と相性の良い出題の大学を探し、受験校選定に活用しています。

　56～60ページに載せた学力診断シートでの自己分析もマッチングの材料になります。ぜひ活用してください。

　またメディカルラボの「私立医学部模試」では、生徒一人ひとりの得意・不得意、学力特性までを分析し、その生徒と相性が良く、より合格の可能性の高い大学を判定します。

　どの科目も、学力特性を測るために出題が３つのパートに分かれており、例えば、英語であれば①スピード、②記述力、③読解力の３つの力を診断します（科目ごとに診断する学力特性の項目が変わります）。

　次ページで、受験生Aさんの判定の例を紹介します。例えば英語について、解答スピードが遅く、難度の高い長文は正確に読解できないが、和訳、英訳の記述問題が得意なAさんは、スピード10点、記述力25点、読解力10点という結果でした（各25点満点）。これを各大学の出題傾向に合わせて100点満点になるように換算します。そうすると問題量が少なく、英文和訳問題が多いb大学は記述力×3、読解力×1で計85点となり、a大学やc大学と比べ、英語の相性が良いことがわかります。

　同様に、数学、理科などもそれぞれ換算して、全科目の診断結果から各大学の合格判定を行い、順位が上位の大学を受験大学として選定します。

「私立医学部模試」についての詳細は、右のQRコードからHPをご覧ください。

メディカルラボ「私立医学部模試」での
合格可能性の判定方法です！

受験生 A さんの例

例：英語

受験生 A さん
●スピード……10 点　●解答スピードが遅い。 ●記述力………25 点　▶ ●和訳、英訳などの記述は得意。 ●読解力………10 点　●難度の高い長文は苦手。

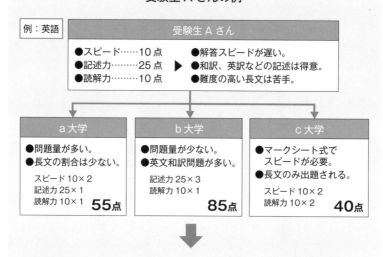

a 大学	b 大学	c 大学
●問題量が多い。 ●長文の割合は少ない。	●問題量が少ない。 ●英文和訳問題が多い。	●マークシート式で スピードが必要。 ●長文のみ出題される。
スピード 10×2 記述力 25×1 読解力 10×1　**55点**	記述力 25×3 読解力 10×1　**85点**	スピード 10×2 読解力 10×2　**40点**

英語については b 大学との相性が良い

全科目を同様に算出し、
あなたの学力特性に合った
総合的に相性の良い大学選定ができます！

Step 2

自分専用の合格計画を立てる

学習計画は自分に合わせて

詳しくはこちら！

① 医学部入試の現状を知る

STEP
2

医学部入試の難しさとは?

　医学部入試は難しいと言われますが、難しさには、**倍率の高さ、偏差値の高さ、問題そのものの難しさ**など、いろいろな要素があります。

　倍率から見ていきますと、2022年度の国公立大の平均倍率は前期日程が4.0倍、後期日程が19.4倍と、いずれも前年を上回りました。国公立大はすべての大学が2段階選抜の基準を設定しているため、この関門を通過した受験生だけが2次試験を受験できます。したがって、共通テストで各大学が設定している基準を満たさなければ、前期試験や後期試験に進むことができません。よって先程の平均倍率は、共通テストの成績が高かった人だけが集まった中での4.0倍や19.4倍ですから、かなりハイレベルの戦いが繰り広げられているわけです。私立大は補欠からの繰り上げ合格者数を公表しない大学もあって、正確な平均倍率は算出できませんが、実質倍率が10倍を超えるような狭き門の大学がほとんどです。

　次に偏差値ですが、模試のデータで見ると、河合塾の全統記述模試の場合、国公立大でも私立大でもボーダーライン偏差値が60以上になっています。ですから、他学部に比べてかなり学力の高い人が受験しているわけですが、偏差値が高ければ必ず合格するというものでもありません。

　全統記述模試の場合、総合評価がA判定だと合格可能性80％以

上、B判定だと65％、C判定だと50％です。数字だけ見ると、A判定ならかなりの確率で合格できる計算です。しかし、各偏差値帯ごとに実際の合格状況を全国の医学部受験生について調査したデータブック「2022年度入試結果調査データ」によると、A判定でも合格できなかった人が多いというのが医学部入試での現状です（下表参照）。**偏差値が同じでも「合格できる」、「合格できない」という差が出るのは、模試の問題と実際の大学の入試問題が大きく異なるのが1つの要因です。**

合格者・不合格者の全統記述模試総合偏差値度数分布
～2022年度一般選抜 前期～

偏差値	（国立）東京医科歯科大学 合格	不合格	（国立）千葉大学 合格	不合格	（国立）香川大学 合格	不合格	（私立）昭和大学 合格	不合格	（私立）帝京大学 合格	不合格	偏差値
77.5以上	1	1		1		1	1	3		1	77.5以上
75.0	4	2		1	1	1		3	1	2	75.0
72.5	7	2	1	1		1	3	8	3	4	72.5
70.0	6	6	7	1	1	3	13	11	4	3	70.0
67.5	4	2	5	8	4		19	20	4	14	67.5
65.0	4	11	5	8	11	4	29	45	17	27	65.0
62.5		8	3	7	8	10	17	95	21	50	62.5
60.0	1	4	1	7	8	10	23	98	12	88	60.0
57.5		1		7	2	26	4	105	7	80	57.5
55.0		4		6		18	4	116	5	87	55.0
52.5		3		7		25	1	77	1	82	52.5
50.0		1		4		12		67	1	64	50.0
49.9以下	1	4		4		33		116		177	49.9以下
平均偏差値	70.2	63.1	68.3	60.6	64.9	55.0	65.3	57.4	63.7	55.0	平均偏差値

※河合塾調べ

ボーダーライン偏差値

A判定でも合格できない人がいる

　ここで、大分大学と富山大学の英語の出題傾向を見てみましょう。

　大分大学の2022年度入試では、英語は長文3題からなる出題で、長文は医学関連の単語が多く、難度が高くなっています（下表参照）。また、例年、大問2では語句整序した文章を長文中の空所に挿入する問題が、大問3では語形変化を伴う空所補充が出題されています。

STEP
2

大分大学医学部 過去4年間の英語長文読解におけるテーマ

年度	大問番号	テーマ
2022	1	一過性全健忘症からの回復
	2	がんと脳卒中を経験した医師
	3	一卵性双生児の妊娠出産
2021	1	遺伝子検査の現状
	2	夫の脳腫瘍手術　―医師との信頼関係構築―
	3	脳神経外科の研修医時代
2020	1	乳がんを患った姉妹　―カナダとアメリカの医療制度―
	2	診察の歴史　―皮膚の外側と内側―
	3	幹細胞への期待と現実
2019	1	病院での面会制限と病棟回診の見直し
	2	肢端紅痛症が発症するしくみの解明
	3	ロズウェルパークの看護師たち

解説	攻略ポイント
医学部医学科受験生用に作成される独自問題であるため、扱われているテーマが医療系に偏っている。また、よくある医療をテーマにした自然科学系の論文調ではなく、実在の患者と医師が登場するドキュメンタリー文章が多い。地の文と会話文が混ざり、独特の読み辛さがある。	専門的な用語には注釈がつくため、医療用語を積極的に覚える必要はないが、内容を素早く理解し設問に解答していくためには、医療系長文で練習を積んでおく必要がある。背景知識を持っているといないとでは、理解のスピードに差が出るため、日頃から医療系のニュースに目を通しておくなどの対策も有効である。設問の難度も高いので、日本語での記述力をしっかりと養成しておきたい。

一方、富山大学の英語は長文1題と自由英作文1題（適文補充問題含む）の2題だけですが、本格的な医療・自然科学系の長文で、設問の難度も高いです。自由英作文も他大学のものと比べ語数が多く、一般的な模試の英語とは出題内容が大きく異なっています。

富山大学医学部 2022年度入試 英語の出題傾向

大問	分野	長文の種類	内容	出題形式
1	読解	生物学	鬱の新たな治療法	選択／記述
2	読解 （適文補充） （自由英作文）	経験談	著名な科学者の性差別との闘い	選択／記述

解説	攻略ポイント
大問2題で1題目は「鬱の治療」に関する医療・医療系の長文で、文の内容も設問も難度が高くなっている。2題目は「著名な科学者の性差別との闘い」に関する長文で、考えさせられるテーマの内容に対して、適文補充問題と自由英作文で答えなければならない。試験時間は90分。問題の難度や記述の量を考えると決して余裕があるわけではない。	大問1の長文は、専門的な語彙には英文による注釈がついているが、予備知識なしで内容を理解しようと思うとサラッと一読する程度では難しく、時間をかけて論理展開を理解しながら読解する必要がある。また、字数制限つきの記述問題では、条件に合うように解答をまとめる必要があり、国語力も問われることになる。大問2では、まず設問1で文章中5つの空欄にあてはまる英文を選択する適文補充問題、設問2で長文の内容に関する約250語の自由英作文が出題されている。200語を超える自由英作文を書こうと思うと、日頃から英語でアウトプットする練習を積んでおく必要がある。

医学部は入試問題も難しい？

　続いて、医学部の入試問題は難しいかということですが、**すべての大学が難しいとは限りません。大学の偏差値の高さと問題自体の難度は一致するとは限らないのです。**国公立大の場合、2次試験は記述式ですから、難しいイメージを抱く受験生が少なくありません。しかし、合格最低点が相当高い大学もあり（29〜31ページ参照）、とりわけ**総合大学の場合は、他の理系学部と同じ入試問題であったり、英語は文系も含めた全学部共通というケースもあり**（50〜51ページ参照）、**総じて典型的な問題が多く、難問はあまり出題されません。**

　逆に、非常に難しい入試問題を出題する大学もあります。東京医科歯科大学、京都府立医科大学、滋賀医科大学、和歌山県立医科大学など、**単科医科大学は難しい入試問題が多い**ようです。また、総合大学でも医学部だけ別の問題を出す大学は、特殊な出題になっていたり、問題の難度が高かったりしているのでしっかり確認しておいたほうが良いでしょう。例えば、弘前大学、福井大学、山梨大学（後期）、大分大学、宮崎大学などは、医学部の独自問題を作成しています（50〜51ページ参照）。また、**合格最低点がかなり低い大学がありますが、そのような大学は当然ながら入試問題が相当難しいか、問題量がかなり多くなっています**（29〜31ページ参照）。

私立大の医学部の英語では、医療や医学に関する問題がよく出ます。例えば、北里大学では英語の試験に医療・自然科学系の専門的な長文が毎年のように出題されます。2022年度は大問1で「人獣共通感染症（zoonotic disease）」についての長文問題が出題されました。この長文の文章の一部を日本語訳すると次ページの図のようになります。このように、高校生が普段あまり接することがないような内容やテーマが扱われています。また、医療系の英語長文（課題文）の内容を正確に把握したうえで、そのテーマに対する自分の考えを表現する力を問うような自由英作文を課す大学もあります。ですから、医療や医学に関する英文を多読して背景知識を積み、このような英文に慣れておく必要があります。私立大では特徴的な出題が多い分、その特徴をつかんだ対応力を磨いておかないと差がつきやすいため、**出題傾向に合わせた対策が重要**です。

　また、医学部で特徴的なのは、面接試験があることです。面接では、医師や研究者としての適性をチェックするという狙いがあります。面接の詳細はStep 5で述べますので、そちらを参照してください。

北里大学 2022年度入試 英語長文の
日本語訳の一部です！

…前略…

　「人獣共通感染症」や「動物原性感染症」とは、動物が発生源になり、そこからヒトにまで移行する病気のことである。COVID−19は、2021年7月までに全世界ですでに400万人以上の死者を引き起こしているが、これはコウモリが起源である可能性が最も高い。しかし、COVID−19はエボラウイルス病や中東呼吸器症候群（MERS）などといった、ますます増大する病気の中で最新のものであるということに過ぎず、宿主となる動物からヒトへのその広がりは、人間が引き起こす圧力によってさらに悪化している。

　新しい報告によると、「人獣共通感染症」の出現がさらに増える状況に至る、動物性タンパク質の需要の増加、集約的で持続可能ではない農業の増加、野生動物の利用と搾取の増加、そして気候の危機など7つの傾向があるということが特定されている。

…後略…

2022年度入試 英語の出題比較

首都圏で難度が高い日本医科大学、順天堂大学、昭和大学の2022年度入試の英語の出題を比較してみましょう！

日本医科大学（前期）

制限時間90分　　　解答形式▶記述／マーク

問題の全体難度）★★★☆ やや難　　前年との難度比較）⬆ やや難化　　時間に対する分量）適量

大問	分野	長文の種類 単語数	内容	出題形式	難度
1	発音・語彙・文法	—	発音・アクセント・単語・誤り指摘	選択	★★☆☆
2	読解	人文・社会系 約2,200語	「ネット時代の読解法に関する考察」についての長文問題（空所補充・語形変化・段落要約・内容説明・短文完成・内容一致・同意語選択・指示語指摘）	選択・記述	★★★☆
3	英作文	—	「大問2のオンラインリーディングについての筆者の考えにどの程度同意できるか」についての自由英作文	記述	★★★☆

順天堂大学

制限時間80分　　　解答形式▶記述／マーク

問題の全体難度）★★☆☆ 標準　　前年との難度比較）➡ 変化なし　　時間に対する分量）多い

大問	分野	長文の種類 単語数	内容	出題形式	難度
1	読解	科学系約 1,150語	「ゲノム編集開発でノーベル賞を受賞したダウドナ氏へのインタビュー」についての長文問題（同意語選択・内容一致・空所補充）	選択	★★☆☆
2	読解	科学系 約650語	「はちみつがアレルギーを緩和するという説の真偽」についての長文問題（同意語選択・内容一致・主題選択・欠文補充）	選択	★★☆☆
3	読解	医療・科学系 約700語	「クジラががんにかかりにくい理由」についての長文問題（同意語選択・内容一致・主題選択・文補充）	選択	★★☆☆
4	読解	医療・科学系 約750語	「後の認知能力に悪影響を及ぼす幼少期の肥満」についての長文問題（同意語選択・内容一致・主題選択）	選択	★★☆☆
5	英作文	—	「大量破壊兵器以外に発明されるべきではないものとその理由」についての自由英作文	記述	★★☆☆

昭和大学（Ⅰ期）

制限時間140分（英語・数学合わせて）　　　解答形式▶記述／マーク

問題の全体難度）★★★☆ やや難　　前年との難度比較）⬆ 難化　　時間に対する分量）多い

大問	分野	長文の種類 単語数	内容	出題形式	難度
1	文法	—	空所補充	選択	★★☆☆
2	読解	人文・科学系 約1,050語	「乳児の認知能力と論理的類推能力」についての長文問題（アクセント・空所補充・内容説明・英文和訳）	選択・記述	★★★☆
3	読解	人文・科学系 約550語	「人間が科学的発見をする過程」についての長文問題（段落整序・空所補充・語句整序・誤り指摘・要約）	選択・記述	★★★☆

大学によって出題傾向が大きく異なり、
求められる能力が違うので、それに合わせた対策を立てる
準備をしないと、なかなか合格できません。

解説	攻略ポイント
大問3題で長文読解は1題だが、単語数は2,200語でかなり長い人文・社会系の長文。これに発音・語彙・文法問題と自由英作文も含めて試験時間は90分。長文の内容は人文・社会系に限らないが論説文が頻出で、内容理解力が重視されている。設問は発音、アクセント、単語、誤り指摘、空所補充、語形変化、段落要約、内容説明、短文完成、内容一致、同意語選択、指示語指摘、自由英作文と多様である。	例年、内容がやや難しいさまざまな分野の長文が出題されるため、多様な分野のかなり長い論説文を読み込む必要があります。また、設問形式も非常に多岐にわたるので、いろいろな形式の問題に慣れることと、日本語での記述も多いので答案作成の練習も欠かせません。

STEP
2

解説	攻略ポイント
長文読解は4題で、単語数は以前と比べ大幅に少なくなったが、それでも約3,250語と日本医科大学の約1.5倍もある。これらと自由英作文を合わせて試験時間は80分。日本医科大学より短い試験時間の中でこれだけの分量をこなすということで、よりスピードを要する出題となっている。長文の内容は医療系のテーマに加え、最近は社会系のテーマもよく出題されている。設問は文章の内容に関するものが中心で、読解力、特に文脈を把握しながら読む力が問われている。また、同意語選択や内容一致の出題も多い。	内容や難度は標準的ですが、やや長め（1,000語程度）の長文を内容把握や文脈を意識しながら速読する練習が欠かせません。大問1題ごとに15分程度で解かなくてはならないので、必ず時間を計りながら読解練習をしましょう。自由英作文も、15分で200語程度の英文を書く練習をし、必ず添削指導を受けましょう。

解説	攻略ポイント
大問3題のうち、長文読解2題で、単語数は約1,600語と、順天堂大学の約半分だが、設問がやや難しくなった。長文以外に文法の空所補充問題がある。時間的な余裕があるわけではない。読解問題の設問はアクセント、空所補充、内容説明、英文和訳、段落整序、語句整序、誤り指摘、要約と多様になった。試験時間は英語・数学合わせて140分。	標準レベルの文法問題が確実に解けるよう基礎を固めましょう。読解は空所補充のある標準レベルの長文を読み、段落ごとの要約や全体の要約をする練習をしましょう。英語・数学を合わせて140分なので、素早く優先順位を判断し時間をうまく使う練習も重要です。

国公立大学医学部〈前期〉入試問題分類［2022年度］

大学名	学部学科	他学部と共通問題	医学科独自問題	他学部と一部共通	備考
旭川医科大学	医・医	英数化生物	**英**数化生物	英数化生物	
北海道大学	医・医	**英****数****化****生**物	英数化生物	英数化生物	
弘前大学	医・医	英数化生物	総合問題	英数化生物	※医学科独自の総合問題のみ。
東北大学	医・医	**英****数****化****生****物**	英数化生物	英数化生物	
秋田大学	医・医	英数化生物	英数化生物	**英**数化生物	英語：大問3題のうち、1題が独自。 数学：大問4題のうち、3題が独自。
山形大学	医・医	**英****数****化****生****物**	英数化生物	英数化生物	数学：大問4題のうち、1題が独自。
筑波大学	医・医	**英****数****化****生****物**	英数化生物	英数化生物	
群馬大学	医・医	英数化生物	英数化生物	英**数**化生**物**	数学：大問5題のうち、大問1(3)、大問3・4・5が独自。 物理：大問3題のうち、大問2(11)のみ独自。
千葉大学	医・医	**英****数****化****生****物**	英数化生物	英数化生物	
東京大学	医・医	**英****数****化****生****物**	英数化生物	英数化生物	
東京医科歯科大学	医・医	**英****数****化****生**物	英数化生物	英**数**化生**物**	数学：大問3題のうち、2題が独自。 物理：大問2題のうち、大問1の問7・8、大問2の問2(5)・(6)が独自。
新潟大学	医・医	**英****数****化****生**物	英数化生物	英数化生物	数学：大問4題のうち、1題が独自。
富山大学	医・医	**英**数化生**物**	**英**数化生物	英数化生物	
金沢大学	医・医	**英****数****化**生物	英数化生物	英数化生物	
福井大学	医・医	英数**化****生**物	英数化生物	**英**数化生物	英語：大問4題のうち、3題が独自。 数学：大問4題のうち、3題が独自。
山梨大学（後期）	医・医	英数化生物	**英****数**化**生****物**	英数化生物	
信州大学	医・医	**英**数**化****生****物**	英数化生物	英数化生物	数学：大問5題のうち、1題が独自。
岐阜大学	医・医	**英**数**化****生****物**	英数化生物	英数化生物	
浜松医科大学	医・医	英数化生物	**英**数**化****生**物	英数化生物	
名古屋大学	医・医	**英****数****化****生****物**	英数化生物	英数化生物	
三重大学	医・医	**英****数****化****生****物**	英数化生物	英数化生物	数学：大問3題のうち、大問1(5)、大問2(3)、大問3が独自。
滋賀医科大学	医・医	英数化生物	**英****数****化****生****物**	英数化生物	
京都大学	医・医	**英****数****化****生****物**	英数化生物	英数化生物	
大阪大学	医・医	**英**数**化****生**物	英数化生物	英数化生物	
神戸大学	医・医	**英****数****化****生****物**	英数化生物	英数化生物	

■ 国立　　■ 公立

大学名	学部学科	他学部と共通問題	医学科独自問題	他学部と一部共通	備考
鳥取大学	医・医	**英** 数 **化 生 物**	英 数 化 生 物	英 **数** 化 生 物	数学：大問4題のうち、1題が独自。
島根大学	医・医	英 数 化 生 物	英 数 化 生 物	**英** 数 化 生 物	英語：大問5題のうち、2題が独自。
岡山大学	医・医	**英 数 化 生 物**	英 数 化 生 物	英 数 化 生 物	
広島大学	医・医	**英 数 化 生 物**	英 数 化 生 物	英 数 化 生 物	
山口大学	医・医	**英 数 化 生 物**	英 数 化 生 物	英 数 化 生 物	
徳島大学	医・医	**英 数 化 生 物**	英 数 化 生 物	英 数 化 生 物	
香川大学	医・医	**英** 数 **化 生 物**	英 数 化 生 物	英 **数** 化 生 物	数学：大問4題のうち、3題が独自。
愛媛大学	医・医	英 **数 化 生 物**	**総** 数 化 生 物	英 数 化 生 物	※英語は医学科独自の「総合問題」で出題。
高知大学	医・医	英 **数 化 生 物**	**英** 数 化 生 物	英 数 化 生 物	
九州大学	医・医	**英 数 化 生 物**	英 数 化 生 物	英 数 化 生 物	
佐賀大学	医・医	**英 数** 化 **生 物**	英 数 **化** 生 物	英 数 化 生 物	
長崎大学	医・医	**英** 数 **化 生 物**	英 数 化 生 物	英 **数** 化 生 物	数学：大問4題のうち、2題が独自。
熊本大学	医・医	**英** 数 **化 生 物**	英 数 化 生 物	英 **数** 化 生 物	数学：大問4題のうち、大問2(問2)、大問3・4が独自。
大分大学	医・医	英 数 化 生 物	**英 数 化 生 物**	英 数 化 生 物	
宮崎大学	医・医	英 数 **化 生 物**	**英** 数 化 生 物	英 **数** 化 生 物	数学：大問5題のうち、1題が独自。
鹿児島大学	医・医	**英 数 化 生 物**	英 数 化 生 物	英 数 化 生 物	
琉球大学	医・医	**英 数 化 生 物**	英 数 化 生 物	英 数 化 生 物	
札幌医科大学	医・医	英 数 化 生 物	**英 数 化 生 物**	英 数 化 生 物	
福島県立医科大学	医・医	英 数 化 生 物	**英 数 化 生 物**	英 数 化 生 物	
横浜市立大学	医・医	**英 数** 化 生 物	英 数 化 生 物	英 数 **化 生** 物	物理：大問3題のうち、大問I(4)・(5)・(6)、大問IIが独自。化学：大問3題のうち、大問I(3)、大問II(7)が独自。生物：大問3題のうち、大問I(9)、大問II(8)が独自。
名古屋市立大学	医・医	**英 数** 化 生 物	英 数 **化** 生 **物**	英 数 化 生 物	
京都府立医科大学	医・医	英 数 化 生 物	**英 数** 化 **生 物**	英 数 化 生 物	
大阪公立大学	医・医	**英 数 化 生 物**	英 数 化 生 物	英 数 化 生 物	
奈良県立医科大学	医・医	英 数 化 生 物	**英 数** 化 **生 物**	英 数 化 生 物	
和歌山県立医科大学	医・医	**英 数** 化 **生 物**	英 数 化 生 物	英 数 化 生 物	

STEP
2

② 自分の学力を きちんと分析しよう

医学部入試のスタートラインに立てているのか？

「医学部を目指す『受験生』にあなたはなっていますか？」

　受験を意識して勉強を始めた人を「受験生」と考える人、あるいは、高校3年生を「受験生」と考える人も多いようですが、私はそれだけでは「受験生」としては不十分だと考えます。

　特に**医学部を目指すのであれば、英語・数学・理科については基礎に穴がなく、基礎固めがしっかりできた状態になって初めて「受験生」になったと言える**のではないかと思います。基礎が固まった状態とは、各教科の基本的な問題や典型的な問題であれば、見たら瞬間的に解き始めて正解を導き出せる状態です。そう考えた場合、あなたは医学部を目指す「受験生」になったと言えるでしょうか。

医学部を目指す「受験生」とは？

医学部受験生 ＝ 英・数・理の基礎が固まっている人

基本的な問題・典型的な問題ならすぐに解法が思い出せる

自信を持って「基礎が固まっている＝『受験生』になっている」と言えない場合は、早急に自分の学力状況を分析し、基礎を固める必要があります。

自分の学力を客観的に分析する

　自分の学力を客観的に分析するためには、メディカルラボの学力診断テストを受けることをお勧めしますが、自分でもある程度の診断は可能です。56〜60ページに学力診断シートを掲載していますので、参考にしてみてください。

STEP
2

　例えば数学なら数学Ⅰ、数学Ⅱ、数学Ⅲ、数学A、数学Bのすべての単元ごとに、得意3点、普通2点、苦手1点（例えば、場合の数と確率1点、ベクトル2点など）のように点数をつけます。点数つけに迷う場合は、模試の結果も参考にすると良いでしょう。こうした自己診断でわかった結果は、**学習計画を立てるときに問題集のレベルを決める参考**になります。さらに、**どの分野から手をつけるべきかの優先順位**も明確になります。基礎固めのための問題集を選ぶときには苦手な分野に着目して選ぶのですが、例えば**数学だったら自分の最も苦手な単元の問題を見たときに、半分ぐらいは自分で解けそうなものを選ぶのが良い**でしょう。

特典！ メディカルラボの「学力診断テスト」（無料）

　この本の購入特典として、メディカルラボの「学力診断テスト」を無料で受けられます。これは、科目ごとにすべての単元を網羅したテストで、単元ごとにどのレベルまで身についているかを診断します。また、志望大学が決まっているのであれば、その大学の出題傾向に合わせ、どのような学習をしたら良いかという学習アドバイスも無料で受けられます。この学力診断テストについての詳細は、右のQRコードからメディカルラボのHPでご確認ください。

目指す大学によって
求められる基礎学力は異なる

　同じ医学部でも大学によって入試問題の出題傾向はさまざまです。**志望大学の出題傾向を調べ、問題の難度、試験時間に対する問題量（スピード）、出題形式、頻出分野についても科目ごとにチェック**しましょう。これらは志望大学の対策をする際に、とても重要になってくるのですが、基礎固めをする際にも志望大学の出題傾向を意識することで、より効率良く合格に近づけます。

　医学部に合格するためには「模試で良い成績を取らなければ」と考える受験生が多いのですが、**模試と実際の入試問題は異なります**から、高い偏差値を取ることだけを目標に勉強していくことは得策ではありません。同じ医学部でも、大学ごとに出題傾向が大きく異なるため、**合格するのに必要な学力も、目指す大学によって異なります。**志望大学の問題の難度、問題量、出題形式、頻出分野を意識して、それを解くのに必要な学力を身につけていきましょう。

　例えば、志望大学の頻出分野が明確であれば、その分野は重点的に基礎を固める必要があります。また、志望大学の出題形式に合わせた基本問題集を基礎固めに使えば、効率の良い対策につながります。

　志望大学の問題量が多い場合は、ただ問題を解くだけでなく、スピードを意識した訓練が必要になりますし、典型的な問題しか出ないということであれば、基礎固めが入試対策に直結することになります。いわゆる難問がほとんど出題されない大学であれば、典型的な問題を確実に解けるようにすることで、国公立大の医学部でも合格できる可能性が十分に生まれます。

　このように基礎固めの段階でも、志望大学の出題傾向を意識し

て取り組むことが、医学部合格への「最短ルート」につながるのです。

志望大学の過去問を分析しましょう！

模試の問題　≠　入試問題

・・・
目標は入試問題で合格点を取る学力をつけること

満点は必要ない！

⬇ だから

過去問で次の４つを確認しよう

①問題の難度

②試験時間に対する問題量（スピード）

③出題形式

④頻出分野

これを基に基礎固めの計画を立てましょう。

学力診断シート これを基に学習計画を立ててみましょう。

英 語

1.各分野について【得意3点、普通2点、苦手1点】で点数を記入してください。

英 語																			
文 法												読 解				発音	英 作 文		
分野	時制	完了形	態	助動詞	仮定法	不定詞	動名詞	分詞	比較	代名詞	関係詞	語彙	構文	内容説明	和訳	会話文	発音・アクセント	和文英訳	自由英作文	語句整序
点数																				

2.各項目について、あてはまるものに○をつけてください。

【難度】

ア	難しい問題も問題なく解くことができる。
イ	難しい問題は、時間をかければ、解くことができる。
ウ	標準的な問題を確実に解くことができる。
エ	標準的な問題は8割程度解くことができる。
オ	標準的な問題は扱われる題材によってばらつきがある。
カ	基礎的な問題を確実に解くことができる。
キ	基礎的な問題は扱われる題材によってばらつきがある。

【問題量(スピード)】

ア	解くスピードが速く、ケアレスミスもない。
イ	解くスピードは速いが、ケアレスミスがある。
ウ	解くスピードは標準的である。
エ	解くスピードは遅いが、正確である。
オ	解くスピードが遅く、基本的な問題でも解けない。

【問題形式】

ア	マークシート式(誘導形式)の問題が得意である。
イ	記述式の問題が得意である。
ウ	特にマークシート・記述で得意、不得意はない。

【英語長文】

ア	医療系の長文が得意である。
イ	科学系の長文が得意である。
ウ	人文系の長文が得意である。

数　学

1. 各分野について【得意3点、普通2点、苦手1点】で点数を記入してください。

	数学																			
	代数系・解析系													幾何系				統計・確率		
	Ⅰ	Ⅰ	Ⅱ	Ⅱ	Ⅱ	Ⅱ	Ⅱ	Ⅱ	B	Ⅲ	Ⅲ	Ⅲ	Ⅲ	Ⅰ	A	B	Ⅲ	Ⅰ	A	A
分野	数と式	2次関数	式と証明	図形と方程式	指数関数・対数関数	三角関数	微分	積分	数列	いろいろな曲線	極限	微分法	積分法	図形と計量	図形の性質	ベクトル	複素数平面	データの分析	場合の数と確率	整数の性質
点数																				

2. 各項目について、あてはまるものに○をつけてください。

【難度】	
ア	難しい問題も問題なく解くことができる。
イ	難しい問題は、時間をかければ、解くことができる。
ウ	標準的な問題を確実に解くことができる。
エ	標準的な問題は8割程度解くことができる。
オ	標準的な問題は分野によってばらつきがある。
カ	基礎的な問題を確実に解くことができる。
キ	基礎的な問題は分野によってばらつきがある。

【問題量（スピード）】	
ア	解くスピードが速く、ケアレスミスもない。
イ	解くスピードは速いが、ケアレスミスがある。
ウ	解くスピードは標準的である。
エ	解くスピードは遅いが、正確である。
オ	解くスピードが遅く、基本的な問題でも解法につまずく。

【ケアレスミス】	
ア	単純な計算ミスをする。
イ	題意を正確に捉えることができず、ミスをする。
ウ	勘違いによりミスをする。

【問題形式】	
ア	マークシート式（誘導形式）の問題が得意である。
イ	記述式の問題が得意である。
ウ	特にマークシート・記述で得意、不得意はない。

化 学

1.各分野について【得意3点、普通2点、苦手1点】で点数を記入してください。

分野	化 学																			
	理 論														無 機		有 機			
	物質の三態	物質の構成	化学結合	物質量と化学反応式	酸・塩基	酸化と還元	物質の状態と変化	溶解平衡	化学反応と熱	電気分解	電池	反応速度	化学平衡	電離平衡	典型元素	遷移元素	炭化水素	官能基をもつ化合物	芳香族化合物	高分子化合物
点数																				

2.各項目について、あてはまるものに○をつけてください。

【難度】

ア	難しい問題も問題なく解くことができる。
イ	難しい問題は、時間をかければ、解くことができる。
ウ	標準的な問題を確実に解くことができる。
エ	標準的な問題は8割程度解くことができる。
オ	標準的な問題は分野によってばらつきがある。
カ	基礎的な問題を確実に解くことができる。
キ	基礎的な問題は分野によってばらつきがある。

【問題量（スピード）】

ア	解くスピードが速く、ケアレスミスもない。
イ	解くスピードは速いが、ケアレスミスがある。
ウ	解くスピードは標準的である。
エ	解くスピードは遅いが、正確である。
オ	解くスピードが遅く、基本的な問題でも解法につまずく。

【ケアレスミス】

ア	単純な計算ミスをする。
イ	題意を正確に捉えることができず、ミスをする。
ウ	勘違いによりミスをする。

【問題形式】

ア	マークシート式（誘導形式）の問題が得意である。
イ	記述式の問題が得意である。
ウ	特にマークシート・記述で得意、不得意はない。

生 物

1.各分野について【得意3点、普通2点、苦手1点】で点数を記入してください。

生 物																			
	生物と 遺伝子		体内 環境の 維持		多様性と 生態系		生命現象と 物質				生殖と発生					生物の 環境応答		生態 と 環境	生物の 進化と 系統	
分 野	生物の特徴	遺伝子とその働き	体内環境	免疫	バイオームの多様性と分布	生態系とその保全	細胞とタンパク質	酵素	同化・異化	遺伝情報とその発現	有性生殖	動物の配偶子形成	初期発生	誘導と器官形成	植物の発生	植物の環境応答	動物の反応と行動	個体群と生物群集	進化	系統
点数																				

STEP 2

2.各項目について、あてはまるものに○をつけてください。

【難度】

ア	難しい問題も問題なく解くことができる。
イ	難しい問題は、時間をかければ、解くことができる。
ウ	標準的な問題を確実に解くことができる。
エ	標準的な問題は8割程度解くことができる。
オ	標準的な問題は分野によってばらつきがある。
カ	基礎的な問題を確実に解くことができる。
キ	基礎的な問題は分野によってばらつきがある。

【問題量（スピード）】

ア	解くスピードが速く、ケアレスミスもない。
イ	解くスピードは速いが、ケアレスミスがある。
ウ	解くスピードは標準的である。
エ	解くスピードは遅いが、正確である。
オ	解くスピードが遅く、基本的な問題でも解法につまずく。

【問題の種類について】

ア	知識系の問題が得意である。
イ	実験考察系の問題が得意である。
ウ	知識系・実験考察系の得意、不得意はない。

【問題形式】

ア	マークシート式（誘導形式）の問題が得意である。
イ	記述式の問題が得意である。
ウ	特にマークシート・記述で得意、不得意はない。

物　理

1.各分野について【得意3点、普通2点、苦手1点】で点数を記入してください。

物　理																				
力　学								波　動			熱力学		電　磁　気					原　子		
速度・加速度	平面上の運動	つりあい	運動の法則	エネルギー	運動量	単振動・円運動	天体の運動・万有引力	波の性質	音	光	比熱・状態変化	気体分子の運動	電場・電位	コンデンサー	直流回路	電磁誘導	交流	粒子性と波動性	原子核
分野																				
点数																				

2.各項目について、あてはまるものに○をつけてください。

【難度】

ア	難しい問題も問題なく解くことができる。
イ	難しい問題は、時間をかければ、解くことができる。
ウ	標準的な問題を確実に解くことができる。
エ	標準的な問題は8割程度解くことができる。
オ	標準的な問題は分野によってばらつきがある。
カ	基礎的な問題を確実に解くことができる。
キ	基礎的な問題は分野によってばらつきがある。

【問題量（スピード）】

ア	解くスピードが速く、ケアレスミスもない。
イ	解くスピードは速いが、ケアレスミスがある。
ウ	解くスピードは標準的である。
エ	解くスピードは遅いが、正確である。
オ	解くスピードが遅く、基本的な問題でも解法につまずく。

【ケアレスミス】

ア	単純な計算ミスをする。
イ	題意を正確に捉えることができず、ミスをする。
ウ	勘違いによりミスをする。

【問題形式】

ア	マークシート式（誘導形式）の問題が得意である。
イ	記述式の問題が得意である。
ウ	特にマークシート・記述で得意、不得意はない。

③ 医学部受験は「過去問」に始まり 「過去問」に終わる

志望大学の出題傾向を分析する

　志望大学合格へのスタートは「基礎固め」です。そのとき、志望大学の出題傾向を知っていれば、より効率良く「基礎固め」ができます。問題量が多い大学であれば、スピードへの対策、出題形式や頻出分野などを意識すれば、限られた時間をより有効に使うことができます。

　まずは、『全国医学部最新受験情報』（時事通信社）や『大学入

学習計画を立てる前に押さえておくポイント

① 問題の難度

② 試験時間に対する問題量（スピード）

③ 出題形式

④ 頻出分野

試シリーズ（赤本）』（教学社）の出題傾向と分析のページを基に、前ページの4つの項目を科目ごとに把握したうえで学習計画を立てましょう。

理想を言えば高校2年生が終わるまでに基礎固めを完了させたいのですが、実際には3年生になってからも基礎の穴埋めが必要な人は多いと思います。その場合でも、**遅くとも高校3年生の8月が終わるまでに、基本的な問題や典型的な問題であれば問題を見たらすぐに解法が思い浮かぶ状態になっているようにスケジュールを立ててください。**

過去問演習で学習の方向性を明確にする

基礎がしっかり固まった科目については、**実際に志望大学の過去問を解くのが最も有効な分析方法です。**特に高校生は浪人生に差をつけられないためにも早めに過去問演習に取り組んでほしいと思います。浪人生はすでに受験を経験しているので、実際の入試問題がどのようなものかをイメージできています。つまり、最終的に解くべきゴールとなる問題をイメージし、そのゴールを目指して勉強できるので、努力の方向性を明確にしやすいのです。しかし、高校生はそのゴールイメージがないため、努力の方向性を間違えてしまう危険性があります。

もちろん、最初の過去問演習の時点では合格点とのギャップがかなり大きい状態かもしれません。問題を解くのに時間がかかりすぎて、制限時間内では半分も解けないかもしれません。それらも含めて、合格点にどれだけ足りないのか、何を克服しないといけないのかといった、自分の課題を明確にしましょう。それを克服することを意識して**入試実践レベルの問題集や出題形式別の問題集、特定単元に特化した問題集などを選び、実践的な演習（応**

用レベル演習）を積み重ねるための計画を立てることが大切です。

　次ページの図では８月に１回目の過去問演習で、自分の志望大学合格に向けた課題点を洗い出し、９月以降の応用レベル演習の計画を立てる際に生かすというスケジュールになっています。応用レベル演習に入ってからは、月に１回程度のペースで過去問演習に取り組み、学習計画を実行した成果が表れているかを効果測定し、この先の学習計画を軌道修正します。そうすることで、最短で合格するための学習計画がブラッシュアップされるはずです。

　過去問演習についてのさらなる具体的な活用法は、Step 6 で説明します。

学習計画を立ててみましょう！

高校3年生【前半】

4月	5月	6月	7月	8月

【2】基礎固め（理解→定着）

【3】過去問演習①

【1】赤本で出題傾向の確認

高校3年生【後半】

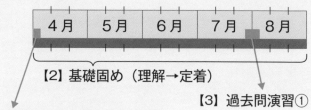

大学入学
共通テスト

国公立大
二次試験（前期）

9月	10月	11月	12月	1月	2月

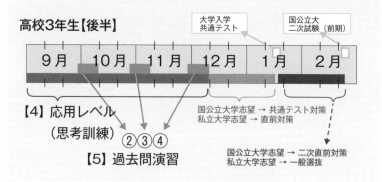

【4】応用レベル

（思考訓練）②③④

【5】過去問演習

国公立大学志望 → 共通テスト対策
私立大学志望 → 直前対策

国公立大学志望 → 二次直前対策
私立大学志望 → 一般選抜

先輩や医学部入試に詳しい先生に話を聞いてみよう

　参考書や問題集を選ぶ場合、**志望大学に合格した先輩がいれば話を聞いてみると良い**でしょう。私が教務統括を務めるメディカルラボでは医学部入試に精通した講師が指導しているので、志望大学の対策にどの問題集を使えば良いのかなど、具体的にアドバイスできます。医学部入試に詳しい先生が高校にいれば、もちろん先生に聞くのも良いでしょう。**志望大学のレベルや出題内容、出題形式に合った問題集が見つかれば、非常に効率的です**（67〜69ページに医学部入試用の使用教材の具体例を掲載しています）。

　受験生の中には、むやみやたらにいろいろな参考書や問題集に手を出す人や、難しい問題集を選んでしまい、理解が不十分のまま解法を丸暗記しようとする人もいるようですが、これでは必要な力がつきません。まずは基礎固めとして、**自分の学力状況に合った問題集を1冊選んだら、それを何度も繰り返して解きましょう。**あれこれ手を広げるよりも、1冊の問題集を確実に理解することが得点力のアップにつながるのです。**問題集は、載っている問題が解けるようにするためだけでなく、問題の解法を理解するために取り組むもの**です。したがって、問題集を選ぶときは、必ず手に取って、解説が丁寧でわかりやすいものを選ぶことが重要です。

　基礎固めが十分にできたら、実践力・応用力を養成するための問題集に取り組みます。もちろん、志望大学の出題傾向に合わせた問題集を選びます。例えば、英語の長文では、出題される英文の長さが目安になります。問題集には『やっておきたい英語長文500』、『やっておきたい英語長文700』、『やっておきたい英語長文

STEP
2

1000』（いずれも河合出版）など単語数が書いてあるものや、『1日20分の英語長文15』、『1日40分の英語長文10』（いずれも河合出版）など時間の目安を表示したものもあり、志望大学の長文の長さに合わせた問題集を選ぶことができます。ただし、長文の内容が、「理系の分野に偏っている」、「医療系の分野から出題されやすい」というように、傾向がはっきりしている大学が多いので、『医学部の英語』（旺文社）や『私立医大の英語［長文読解編］』（教学社）などの長文の問題集も参考になります。英文法や語法問題がよく出る大学については、英文法の問題集として知られる『Next Stage（ネクステージ）』（桐原書店）や『GRAMMAR MASTER（グラマスター）』（Z会）などの基本的な問題集を仕上げたあとで、受験直前には単元の区割りがない『全解説実力判定 英文法ファイナル問題集』（桐原書店）や『ランダム総点検英文法・語法 最終チェック問題集』（旺文社）で実践的に実力をチェックすると良いでしょう。

学習計画の進め方

基礎固め
1冊の問題集を3回以上繰り返して解く

実践力・応用力養成
志望大学の出題傾向に合わせた問題集を選んで解く

実力チェック
受験直前には単元の区割りがない問題演習でチェック

基礎固め期のテキスト【英語】【数学】

理解しやすい・暗記しやすい・網羅性があるものを！

学習参考書の選び方

基礎固め期（4月〜8月）		
【ポイント】 全体を網羅し、図表などを用いて基礎をしっかり解説しており、理解しやすいものを選ぶこと。		
英語	単語	英単語ターゲット 1400（旺文社）〈共通テスト、出る順〉 システム英単語 Basic（駿台文庫）〈共通テスト、ミニマルフレーズ〉 データベース 3000（桐原書店）〈共通テスト、テーマ別〉 速読英単語 入門編（Z会）〈共通テスト基礎、長文音読・リスニング〉 英単語ターゲット 1900（旺文社）〈個別試験、出る順〉 システム英単語（駿台文庫）〈個別試験、ミニマルフレーズ〉 データベース 4500（桐原書店）〈個別試験、テーマ別〉 速読英単語 必修編（Z会）〈個別試験、長文音読・リスニング〉
	文法語法	中学英語をもう一度ひとつひとつわかりやすく。（学研）〈基礎英文法の復習〉 総合英語 Evergreen（いいずな書店）〈高校英文法参考書〉 一億人の英文法（東進ブックス）〈高校英文法参考書、ネイティヴ感覚〉 Next Stage 英文法・語法問題（桐原書店）〈網羅系問題集、単元別〉 英文法・語法 Vintage（いいずな書店）〈網羅系問題集、単元別〉 スクランブル英文法・語法（旺文社）〈網羅系問題集、単元別〉 英文法レベル別問題集 1〜4（東進ブックス）〈英文法問題集、レベル別〉
	長文読解	入門 英文解釈の技術 70（桐原書店）〈英文解釈、英文構造理解〉 大学受験のための英文熟考 上（旺文社）〈英文解釈、英文構造理解〉 英語長文レベル別問題集 1〜4（東進ブックス）〈長文読解、レベル別〉 全レベル問題集 英語長文 1〜3（旺文社）〈長文読解、レベル別〉 やっておきたい英語長文 300/500（河合出版）〈長文読解、語数別〉 1日 20/30 分の英語長文（河合出版）〈長文読解、語数別〉
数学		白チャート（基礎と演習）（数研出版）〈基礎レベル、丁寧な解説〉 高校これでわかる数学（文英堂）〈基礎レベル、カラフルな紙面〉 やさしい高校数学（学研）〈基礎レベル、対話形式〉 黄チャート（解法と演習）（数研出版）〈標準レベル網羅系〉 Focus Z（啓林館）〈標準レベル網羅系〉 Focus Gold（啓林館）〈標準〜やや難、網羅系〉 青チャート（基礎からの）（数研出版）〈標準〜やや難、網羅系〉 カルキュール数学（駿台文庫）〈計算力アップ〉 合格る計算 数学（文英堂）〈計算力アップ、計算テクニック〉

※それぞれレベルや特徴が異なるので、詳しくは先生に相談しましょう。

STEP 2

実践力・応用力養成期のテキスト【英語】
受験大学の出題形式に合わせた対策を！

学習参考書の選び方

実践力・応用力養成期（9月～12月）

【英語のポイント】出題形式別の演習が有効。自分の受験する大学の出題傾向を確認しよう。

参考書名（出版社）	出題形式	特徴
東大英単語熟語 鉄壁（角川学芸出版）	語彙力アップ	語源、派生語、語法、同義語、反意語、イラストなど情報満載。2冊目以降の単語集として。英単語のネットワークを築く。
Duo 3.0（アイシーピー）	語彙力アップ	こちらも2冊目以降の単語集として。熟語も多数掲載。派生語はもちろん、同義語、反意語の情報が豊富。最小限の例文で最大多数の英単語・熟語を暗記できる。
システム英単語メディカル （駿台文庫）	医療系英単語力の強化	『シス単』の良さをそのままに医歯薬看護系志望者のために作成された英単語集。東邦大学など、医療系長文の出題が多い大学を受験する人向け。
ランダム総点検 英文法・語法最終チェック 問題集（旺文社）	四択、整序など ランダム形式	英文法・語法の単元学習を終えたらこの一冊。解答・解説がしっかりしており、実践演習をしながら、知識の整理ができる。
フラッシュ！速攻英文法 （オー・メソッド出版）	フラッシュカード式	問題を切り離し、フラッシュカードとして演習できるのが特徴。ランダムに問題演習可能。ワンランク上の知識を身につけたい人向け。
英語整序問題精選600 （河合出版）	整序英作文	整序英作文問題ばかり600題を掲載。1～3までレベル分けがされており、受験大学の問題レベルに合わせて演習可能。
スーパー講義 英文法・語法 正誤問題（河合出版）	下線部誤り指摘	下線部誤り指摘問題ばかりを集めた問題集。こちらもA～Cまでレベル分けがされている。医学部レベルならBまで仕上げておけば大丈夫だろう。
やっておきたい英語長文 500,700,1000 （河合出版）	語数別長文読解	掲載されている長文の語数別に約300語、500語、700語、1000語の4種類あるが、実践演習としては500、700、1000が適する。志望大学に応じて適宜選択しよう。
1日30分の英語長文 1日40分の英語長文 （河合出版）	語数別長文読解	それぞれ上記「やっておきたい」シリーズの500と700に相当する。こちらのほうが扱われている長文が新しい。
関正生の英語長文ポラリス （KADOKAWA）	難度別最新 英語長文	入試の最前線に合わせて厳選した英語長文を掲載。長文の長さに捉われず、内容の難度によって標準・応用・発展の3レベルを設定。
話題別英単語 リンガメタリカ（Z会）	テーマ別長文読解	英単語集ではあるが、Z会の速読英単語シリーズ同様、長文中で英単語を暗記。話題別でまとめられており、それぞれの話題の背景知識を得ることができる。
医学部の英語（旺文社）	医系長文	医療系長文を集めた長文読解問題集。医療系長文の出題の多い大学への対策用に。重要な医療系英単語を360語厳選している小冊子も役に立つ。
私立医大の英語 [長文読解編]（教学社）	医系長文	私立医学部で出題された医療系長文を集めた問題集。発刊が古く、出題傾向の対策にはなりにくいが、医療系長文の練習には役立つ。
これが英作文（河合出版）	英作文	英作文初学者向け。表現別の章立てになっており、重要表現やシンプルな例文がまとめられている。まずは汎用性の高い表現をインプットして基礎固め。
英作文のトレーニング （Z会）	英作文	はじめる編、必修編、実戦編、自由英作文編の4種類。受験大学の出題難度に合わせてトレーニング。

　数学でも、多くの基本的な問題、典型的な問題が掲載されている問題集に取り組む必要があります。高校でも予備校でも授業の時間は限られているため、大学入試にある程度よく出る問題を中心に授業で扱っているのですが、入試に必要なすべての解法の解説はできません。実際の入試では、授業で扱わなかった解法で解かなくてはならない問題も出題されます。そのため、『チャート式』（数研出版）、『フォーカスシリーズ』（啓林館）など、網羅系の参考書・問題集は自分の学力に合った1冊を決めてしっかり取り組んでおく必要があります。

STEP
2

実践力・応用力養成期のテキスト【数学】
受験大学の難度に合わせた対策を！

学習参考書の選び方

実践力・応用力養成期（9月〜12月）		
【数学のポイント】難度に合わせた演習が有効。自分の受験する大学の出題難度を確認しよう。		
参考書名（出版社）	難度	特徴
Z会数学基礎問題集 チェック&リピート（Z会）	標準	網羅系の問題集で一通り典型解法を理解したあとで、繰り返し演習で定着を図り、標準レベルを完璧に仕上げる。
チョイス新標準問題集 数学（河合出版）	標準	模試レベルから医学部標準レベルへのステップアップに。典型解法を使いこなせるように仕上げていく。
理系数学 入試の核心 標準編（Z会）	標準〜やや難	入試に向けた仕上げをするために用いる。解説が詳しいので、自分の答案と照らし合わせることで、記述式の答案作成力を向上させられる。
大学への数学 1対1対応の演習（東京出版）	やや難	網羅系問題集で身につけた典型解法の理解を深める。「大数」ならではの鋭い切り口を学び、解法の幅を広げる。
理系数学の良問プラチカ（河合出版）	やや難	過去問演習に入る前の仕上げの問題集として。選りすぐりの良問を集めた問題集。分野によって若干難度に差がある。
理系数学 入試の核心 難関大編（Z会）	難	掲載されている問題数は少なめ。網羅系のテキストを一通り終えた難関大を目指す受験生が、じっくりと思考力を鍛えるのに用いたい。
やさしい理系数学（河合出版）	難	名前に比して「やさしくない」ことで有名。別解が豊富で、問題に対するアプローチの仕方を多角的に学ぶことができる。
大学への数学 新数学スタンダード演習（東京出版）	難	1対1対応からステップアップ。一通りの典型解法を使いこなせる人が、さらに上を目指すための問題集。数学を得点源にしている上級者向け。

④ 自分の学力と志望大学に合わせた学習計画を立てよう

 実行できる計画作成のコツ

　次に具体的な学習計画を立てるという段階に移りますが、最初から中・長期の計画を細かく立てすぎないようにしましょう。計画を立てる段階は、やる気に満ちていて「頑張ればなんとかできる」と考え、無茶な計画を立てがちです。その結果、数日のうちに、計画通りに勉強を進めることができなくなり、やる気もどんどん下がってしまいます。一度、気持ちが落ちてしまうと立て直すのは大変ですし、計画の修正も手間がかかります。

　まずは、中・長期の計画を大まかに立て、それを基に短期間（1週間）に絞った詳細な**計画（Plan）**を立てると考えてください。その後、詳細な計画に従って**実行（Do）**し、その成果を**評価（Check）**し、次の1週間の計画を立てる際に課題点を**改善（Action）**して、より実行可能で効果的な計画を立てるという流れになります。その後も計画（P）、実行（D）、評価（C）、改善（A）を繰り返し、どんどん計画をブラッシュアップしながら、医学部合格レベルの学力を身につけるための学習を進めていきましょう。

基本的なレベルのテキストからスタート

さて、メディカルラボでは、生徒一人ひとりの学力と志望大学に合わせて個別のカリキュラムをつくるのですが、これを、中・長期の学習計画の概要を考える際の参考にしてください。

基礎の穴埋めをするために、その生徒の学力に合わせた基本的なレベルのテキスト（参考書・問題集）から始め、ゴールとなる大学入試レベルの問題に合わせたテキストへと進んでいきます。1年間を前期（4月〜6月）、夏期（7月・8月）、後期（9月〜11月）、冬期（12月・1月）に分け、目標に合わせたテキストで学力を伸ばしていきます。

例えば、大阪医科薬科大学志望のA君は、メディカルラボの学力分析結果（76〜77ページ参照）に基づいて、目標と使用するテ

「PDCAサイクル」は医学部入試の世界でも
大切な手法です！

計画を立てる　　　計画を実行する

Plan　　　　Do

PDCA
サイクル

Action　　　Check

改善して次につなげる　行動・成果を評価する

キストを78〜79ページのように設定しました。A君の場合、英語と物理は6月まで、数学と化学は7月までに基礎固めをし、その後、実践レベルの問題演習で応用力を身につけ、11月以降は順次、直前対策に入っていく設定です。

特典！ メディカルラボによる **「学習計画作成サポート」**（無料）

　この本の購入特典として、メディカルラボの学力診断テストを無料で受けられます。あなたの学力を76〜77ページと同じように詳細に分析します。それを基にメディカルラボの学習アドバイザーが、あなたの学力と志望大学の出題に合わせた問題集とその使い方など学習計画の作成をサポートします。詳細は、右のQRコードからメディカルラボのHPでご確認ください。

問題集は 3 回以上繰り返す

　学習計画で取り組もうと決めた**問題集は、少なくとも3回以上繰り返して取り組みましょう。**大切なのは丁寧に1回だけやるよりも何回も繰り返したほうがより定着度が高まるということです。しかし、何回も繰り返そうとすると、時間がかかるので、**2周目、3周目はできなかった問題だけ取り組む、あるいは少し不安な問題だけ取り組むことにし、2周目は1周目の3分の1ぐらいの時間、3周目はさらにその半分ぐらいの時間で済ませるなどの工夫が必要です。**例えば新学年から夏休み前までの3カ月を考えた場合、最初の2カ月で1周目をこなし、次の3週間で2周目を終わらせて、最後の1週間で3周目に取り組むというイメージで良いと思います。1周目から完璧さにこだわって時間をかけすぎる

よりも、2周目、3周目があるので「1周目は7割くらいの問題を自分で解けるようになれば良い」程度に考え、早めに全範囲をやるほうが効率良く進められます。

　例えばPart24まである1冊の問題集を2カ月間（8週間）で解くとすると、1週間で3パートというペースになります。ほぼ、2日間で1パートを解けば良いことになりますが、予備日をつくっておくことが大切です。具体的には、1週間の中で週末は予備日にあて、急な予定が入って取り組めなかった問題などをこなすための時間として確保しておきましょう。同時に、予備日は翌週の計画作成日と復習日としても活用します。

自分の学習スピードをつかんで
計画の実行力を上げる

　まずは**予備日を計画作成日として活用**しましょう。前述の通り、詳細な計画を立てても実行できないと、どんどんやる気もなくなってしまいます。**詳細な計画（P）は1週間単位で立てて実行（D）し、週末に評価（C）、改善（A）したうえで翌週の詳細な計画（P）を立てる**ことで実行可能な計画ができます。最初から長期の細かい計画を立てるのではなく、大まかに1年の学習の流れを考え、そこから2、3カ月単位に分けて使用する参考書・問題集を考えます。その次に1カ月当たりの目安を立て、それを1週間の細かい計画に落とし込みます。また、週ごとの計画を立てる際は、自分の学習スピードを意識できるとなお良いでしょう。

　そのためには**常に時間を計りながら学習に取り組み、自分の学習スピードをつかんで**おきましょう。自分の学習スピードに合わせて計画を作成することで計画の実行力は上がります。なお、**英語と数学は基本的には毎日取り組むように計画**してください。合

STEP
2

否に大きく関係する教科であることと、理科などに比べ理解すべきことや覚えることが多いため、間隔を空けてしまうと効率が悪くなり、計画実行の妨げになる場合もあります。

　さらに、**予備日を復習日にあてる**ことも大切です。問題集を先に進めるだけでなく、特に苦手な科目・単元は何度も復習しないとなかなか定着しません。週末の予備日を復習日としておくことで、計画をより実行可能なものにするだけでなく、定着を意識した学習ができるのです。1カ月あたり4週間（28日）として、予備日を除いた計画実行日を週5日とすると実質20日間となりますから、月に8日間程度は進度調整と復習にあてる期間となります。8日間の予備日のうち3〜4日は月末にまわし、1カ月の復習日にあてると、精度の高い学習ができます。

使用する問題集を決めたら、
実行可能な学習計画を立てましょう！

STEP1　問題集を決めたら、1週間で学習する分量を決める

①使用テキストを決める

　例）基礎英文問題精講（旺文社）　　全160題

②1週間ノルマを決める

4カ月あたり		1カ月あたり		1週あたり		
160題	➡	40題	➡	10題	＝	1週間ノルマ

予定が入った！
予備日にまわそう。

STEP2　1週間ノルマをスケジュールに書き出す

科目	単元など（使用テキスト）	月	火	水	木	金	土	日
英語	単語（英単語ターゲット1400）	✓section7	section8	section9	section10	section11	予備日　復習や次週の計画作成	復習・模擬試験
	文法（Next Stage）	第14.15章✓	第16.17章	第18.19章	第20.21章	第22.23章		
	長文（基礎英文問題精講）	46✓47	48.49	50.51.52	✗53.54	55.56		
数学	数学Ⅰ（黄チャート）	基例26.27✓	基例28.29	基例30.31	基例32.33	基例34.35		
	数学A（黄チャート）	基例24.25✓	基例26.27	基例28.29	基例30.31	基例34.35		
	数学Ⅲ（黄チャート）							

この日は学校が早く終わるから、
3題やれるぞ！

STEP3　次週の計画作成

土・日はできなかったパート、復習にあてる
無理をして詰め込み過ぎていたら、その都度見直そう

A君の学力分析結果　※メディカルラボ 学力診断テストに基づく結果と分析

●プロフィール

生徒氏名	学　年
○○○ ○○	高卒生

学力プロフィール
全統記述模試偏差値：57　英語の得点にばらつきがあると感じている

志望校
大阪医科薬科大学 医学部医学科

➡ 総合結果

英　語	数　学	化　学	物　理
142 /200	**130** /200	**60** /100	**62** /100
71.0%	65.0%	60.0%	62.0%

➡ 科目別詳細

英語詳細(%)	語彙	文法・語法	英文解釈	長文読解	全体
中　学	100.0%	80.0%	80.0%	100.0%	92.6%
高　校	95.0%	60.0%	80.0%	60.9%	68.8%
受　験	100.0%	50.0%	80.0%	40.0%	52.0%
全　体	97.1%	64.0%	80.0%	64.0%	71.0%

文法・語法の定着ができていないために、長文読解を感覚で何となく読んでいる可能性がある。精読力を身につける必要がある。また、大阪医科薬科大学は和訳と英作文のみの出題なので、とにかく早い時期からそれを意識して実際に「書く」練習を積むこと。

数学詳細(%)	中学範囲	数学Ⅰ			数学A			数学Ⅱ				数学B	
		数と式	2次関数	三角比	全体場合の数,確率	整数		方程式不等式	式と図形	三角関数	指数・対数関数	ベクトル	数列
基　礎	100.0%	100.0%	100.0%	0.0%	100.0%	100.0%		100.0%	100.0%	100.0%	100.0%	100.0%	100.0%
標　準		100.0%	0.0%	100.0%	0.0%	0.0%		0.0%	0.0%	100.0%	0.0%	100.0%	100.0%
単元計	100.0%	66.7%			50.0%			62.5%				100.0%	
応　用		0.0%						0.0%					
合　計	100.0%	54.5%						69.2%					

化学詳細(%)	化学基礎	化学			全体
		理論	無機	有機	
基　礎	100.0%	50.0%	100.0%	100.0%	94.4%
標　準	33.3%	50.0%	60.0%	77.2%	60.5%
応　用	0.0%	0.0%	20.0%	12.5%	11.5%
単元計		28.6%	50.0%	64.7%	
全　体	78.6%	52.8%			60.0%

解き方が抜けており、計算も苦手と思われる。理論の基本公式、用語の意味を定着させていこう。並行して無機の知識も入れていくこと。

※各科目において、レベルごとの設問数は異なります。

●志望大学のレベル

志望大学	大阪医科薬科大学 医学部医学科					
	出題傾向・形式（2022年度）					ボーダー偏差値※2
科　目	英　語	数　学	化　学	生　物	物　理	
難　度	標　準	やや難	標　準	標　準	標　準	67.5
分　量	適　量	適　量	多い	適　量	多い	
形　式	記　述	記　述	記　述	記　述	記　述	

※1　出題傾向・形式は『2023年度用 全国医学部最新受験情報』より
※2　2022年度の各大学の入試合否分布と、「第2回全統共通テスト模試」の志望動向を基に、河合塾が設定した、2023年度一般選抜の予想ボーダーライン（偏差値）です。ボーダーラインとは、合否の可能性が50%に分かれるラインを意味します。

科目のバランスを見よう。全科目6〜7割得点できている。科目間のバランスは良い。
学習時間比率は英:数:化:物＝3:3:1:1が良いだろう。

基礎は身についているようだが、解法が定着できていない。演習の時間を多くとることが必要。大阪医科薬科大学はそれほど高度な解法を要求するわけではないが誘導問題が多い。証明問題が出されることも多いので、国公立大で出題されるような問題にも意識的に取り組んでおこう。

数学Ⅲ					全体
極　限	微　分	積　分	式と曲線	複素数平面	
100.0%	0.0%	100.0%	100.0%	0.0%	85.7%
100.0%	0.0%	100.0%	100.0%	0.0%	50.0%
60.0%					
0.0%					0.0%
54.5%					65.0%

物理の基本事項はできているようだ。各単元の事項をしっかり学び、典型問題については、即座に解法が思いつくようになるまで繰り返し解くこと。

物理詳細 (%)	力　学		熱力学		波　動		電磁気		原　子		合　計
	物理基礎	物　理	物理基礎	物　理	物理基礎	物　理	物理基礎	物　理	物理基礎	物　理	
基　礎	100.0%	100.0%	100.0%	0.0%	100.0%	0.0%	100.0%	100.0%	66.7%	0.0%	81.7%
標　準		100.0%		100.0%		0.0%		0.0%		0.0%	40.0%
応　用		20.0%									20.0%
全　体	68.4%		78.6%		42.9%		75.0%		28.6%		62.0%

STEP 2

A君の個別カリキュラム

●志望校：大阪医科薬科大学 医学部医学科

●使用教材と到達目標

科　目			前期			
			4月	5月	6月	
英　語	読解	テキスト	英語長文レベル別問題集③④⑤ 大学受験のための英文熟考　上			
		目　標	学力分析の結果を見る限り精読力不足が伺える。的確に文構造を捉えて精読できる力をつける。「感覚で何となく」ではなく文法に基づいた精緻な読解を習慣づける。大阪医科薬科大は和訳や英作文のみの出題なので、とにかく早い時期からそれを意識して実際に「書く」練習を積むこと。			
	文法	テキスト	Next Stage 英文法レベル別問題集②③④			
		目　標	「Next Stage」を基本テキストとして、「文法」「語法」「イディオム」「会話表現」などの入試頻出項目を、全215の「Point」に沿って体系的に理解していく。また「レベル別問題集」を用いた問題演習を通して基本テキストで学んだ項目の定着を確認する。文法・語法力ができるだけ正確に「使える」域まで上げておくことが必須となる。			
数　学	Ⅰ A Ⅱ B	テキスト	黄チャート 数学Ⅰ＋A／Ⅱ＋B			
		目　標	学力分析の結果を見ると数Ⅰ・Ⅱ・A範囲の定着が不十分と言える。「黄チャート」を用いて公式などの基本項目や典型的な問題の解法を体系的に習得する。頻出の「数列」「ベクトル」分野を中心に、基礎例題・重要例題の解法までは使いこなせるようにすること。余力があればEXERCISESまで取り組んでおきたい。			
	Ⅲ	テキスト	黄チャート 数学Ⅲ			
		目　標	「黄チャート」を用いて公式などの基本項目や典型的な問題の解法を体系的に習得する。頻出の「微積分」分野を中心に基礎例題・重要例題の解法までは使いこなせるようにすること。余力があればEXERCISESまで取り組んでおきたい。			
化　学		テキスト	エクセル化学〔総合版〕化学基礎＋化学			
			Doシリーズ			
		目　標	「エクセル」を用いて基本的な化学用語や法則などについて学んでいく。体系的な知識の習得と、化学反応における個々の現象を論理的に説明できるレベルまで持っていくことを意識する。			
物　理		テキスト	エクセル物理〔総合版〕物理基礎＋物理			
		目　標	学力分析の結果により「波動」「原子」分野の理解がやや不十分。「エクセル」を用いて基本的な公式や原理について再度学び直す。公式などは単純に丸暗記するのではなく、導出過程なども含めて本質的な理解に努めよう。			
補助テキスト			・総合英語Evergreen（英文法参考書）・英単語ターゲット1900 ・視覚でとらえるフォトサイエンス化学図録 ・大学JUKEN新書 化学反応式まとめとポイント／ 　無機化学の要点／有機化学の要点 ・視覚でとらえるフォトサイエンス物理図録			

年間カリキュラムを目安に長期（3カ月）→中期（今月）→短期（今週）というように学習計画を設定しよう。

STEP
2

夏期		後期			冬期	
7月	8月	9月	10月	11月	12月	1月
やっておきたい英語長文300 1日20分の英語長文15		やっておきたい英語長文500 1日30分の英語長文15		過去問対策		
200～400語程度のやや短めの長文問題に取り組み、前期までに身につけた精読のテクニックが定着しているかを確認する。		400～600語程度の長文演習を通して、精読から速読へ移行するトレーニングをする。大阪医科薬科大は800語弱の長文が出題されるので、200語を1分半以内に読み切る力をつけたい。				
		英文法ファイナル問題集 標準編 必修編 英作文のトレーニング/英文解釈ナビ			過去問対策	
		年間の仕上げとして単元分けのない問題集で総合演習を行う。また大阪医科薬科大対策として「英作文」と「和訳」の演習に並行して取り組む。				
		チョイス新標準問題集 数学Ⅰ・A/Ⅱ/B			過去問対策	
		基本書で学んだ知識を基に、標準的な入試典型問題の解法を習得する。大阪医科薬科大はそれほど高度な解法を要求するわけではないが誘導問題が多い。証明問題が出されることも多いので、国公立大で出題されるような問題にも意識的に取り組んでおこう。				
		チョイス新標準問題集 数学Ⅲ			過去問対策	
		基本書で学んだ知識を基に、標準的な入試典型問題の解法を習得する。大阪医科薬科大はそれほど高度な解法を要求するわけではないが誘導問題が多い。証明問題が出されることも多いので、国公立大で出題されるような問題にも意識的に取り組んでおこう。				
		実戦 化学重要問題集			過去問対策	
		Doシリーズ				
		A問題から順に取り組み、様々な形式の問題に対応できる力をつける。典型頻出問題を繰り返し解き、「落としてはいけない問題」をミスなく正答できるレベルを目標とする。				
良問の風 物理 頻出・標準入試問題集		名問の森 物理　力学・熱・波動I/波動II・電磁気・原子			過去問対策	
「良問の風」で演習を積んでいく。典型問題については、即座に解法が思いつくようになるまで繰り返し解くこと。		じっくりと問題に取り組む時間をとる。『名問の森』を用いて見慣れない問題や難度の高い問題にも対応できる実戦力を身につける。単に答えが出ればよいとは考えず、問題をしっかり読んで内容を正確に把握する習慣をつけておこう。				

Step 3

合格に最も大切な基礎固めをする

入試問題は基礎の組み合わせ

詳しくはこちら！

基礎を固める勉強法を
考え実践する

1

「理解」→「定着」で基礎学力を身につける

STEP
3

　医学部入試は難しいと言われますが、**応用問題（思考力・判断力・表現力を問う問題）は基礎の組み合わせですから、基礎をしっかり理解していて、それを使えるかどうかで、応用問題を解けるかどうかが決まってきます。**そのため、基礎固めを完璧にしておくことがきわめて重要です。何事もそうですが、最初に自己流の間違った型がつくと、その後の修正が非常に難しくなりますので、基礎を固めるための勉強法を意識してください。成績の良い受験生ほど、基本的な問題を繰り返し丁寧に解いています。

　繰り返しますが、**学力をつけるためには、まずは自分のレベルに合った勉強をすること**です。誰でも得意科目と不得意科目があります。私が以前教えていた集団授業の予備校の場合、入校時のテストや前年の模試の成績などでクラス分けされるのですが、全科目の総合点でクラス分けされるため、その受験生の得意・不得意は加味されません。結果として、特に不得意科目では自分の学力レベルに合った学習ができなくなっていました。例えば、数学と物理は得意、英語は苦手という受験生がいたとすると、苦手な英語では予習するときに知らない単語がたくさん出てきますし、知らない文法や構文も多く出てくるので予習に時間がかかります。こうなると復習の時間が十分に取れませんし、覚えるべきことも

多すぎて消化しきれず、結局、苦手な英語が伸びないとなるわけです。

　成績が伸びないのは努力していないからではなく、単純に授業やテキストのレベルが合わないからということがよくあります。したがって自分のレベルに合った勉強をすることが、とても大事なことなのです。さらに「今の自分はこのレベルだからこういう力を身につけなければ」という目的意識を持ちましょう。

　今、自分がどのレベルの勉強をやるべきなのかについては、３段階で考えます。まず第１段階は、基礎的な内容、つまり基本的な問題の解法を理解するということです。第２段階は、理解した基本的な解法を定着させるということです。この２段階がしっかりできれば、基礎が固まった状態と言えます。そのうえで第３段階の、思考訓練、すなわち応用力につながる思考力を身につける訓練に入ります。

　まずは**「理解」→「定着」**でしっかり基礎固めをすることが重要です。

基礎固めは順序が大事です！

①正しく理解する

②完全に定着させる

「理解する」とは「説明ができるようにする」こと

　一生懸命勉強しているのに成績が伸びない受験生は、基礎がきちんとできていないのに難度の高い問題集ばかりやっていることが多いようです。

　応用レベルの難しい問題集は、基本的・典型的な解法を「組み合わせて考える」練習のためにつくられているので、基本的な問題や典型的な問題の考え方・解法を「理解する」ための勉強には向いていません。**基本的・典型的な問題の解法を「理解する」ためには問題がシンプルな易しめの問題集が良い**でしょう。具体的には**苦手な単元でも半分くらいは自力で解ける易しい問題集**を選びます。それを、確実に理解できているかどうか確認しながら進めてください。公式の成り立ちや公式の使い方、典型的な問題の解法がなぜそうなっているのかを理解することを、特に意識してください。苦手な科目ほど「理解が難しいから、とりあえずパターンで覚えてしまえ」と丸暗記になりがちなので要注意です。たとえ基本的な問題がスラスラ解けているとしても、パターンの丸暗記では応用問題が解けるようにはなりません。

　丸暗記だけになっていないかどうかを見分けるには、どうしてこういう方法で解いたのかを説明できるか確認してみることです。実際、メディカルラボのマンツーマン授業では、答えが合っていても、どうしてこの公式で答えが導き出せるのか、なぜこの解法を思いついたかなどを本人に説明させます。説明を聞けば、その生徒がどの程度、理解しているかがわかりますし、本人にも、まだ理解できていないところを気づかせることができます。

　自分で勉強しているときも、「この定理を説明できるか？」と考えることはできますし、**人に説明するなどのアウトプットの作**

業をきちんと行うことで、本当に理解しているかどうかがわかると思います。

　例えば、数学で授業の内容を理解しているかどうかを見るためには、問題を自分で解き直してみます。予備校の先生は説明が上手なので、聞いているとすぐにできそうに感じて、わかった気になりますが、これは先生が解いているのをなぞっているだけです。自分で一から考えて解答するのとは別物なので、解き直しや、説明できるようにする「アウトプット」を行うことが、理解するうえでは重要です。復習するときも、ノートの見直しだけではなく、アウトプットの作業が大事になるのです。

　授業でノートを取るときは、人に説明する（教える）という意識で書くと理解が深まるので、先生の板書をただそのまま書き写すのではなく、大事なポイントを自分自身や友だちに説明するつもりで書くと良いでしょう。

丸暗記になっていないかを確認しましょう！

理解できている

⬇

自分の言葉で説明できる

「定着」は「瞬時に解法が浮かぶ」まで繰り返し復習！

　数学であれば、『チャート式』（数研出版）などの網羅系の参考書や問題集を使って、すべての単元の基本例題や重要例題の解き方や考え方を一つひとつ説明できるかどうか確認します。その確認作業が終わってから解法を定着させる作業に入ります。**スタート時に設定した基本的な参考書や問題集ならば、苦手な単元でも問題を見たらパッと解法が思いつくようになるまで取り組みましょう。**このくらいまで取り組んでおかないと、応用的な問題を解くときに使える知識にはなりません。

　しかし、繰り返しになりますが、わかっていないのに解法パターンを丸暗記で覚えてしまうのは危険です。**解法を他人に説明できるというところまで確認したうえで、定着させる作業に入ってください。**

　本質的に理解し、定着させるためには、先述した「問題の解き直し」や「解法を思い出す」などのアウトプットの作業を何回も何回も繰り返し行うしかありません。少なくとも3回は取り組んでほしいですし、**時間が許せば5回以上取り組んでください。**忘れかけたときに、アウトプットをしたりテストを受けたりして思い出す作業を繰り返すことで、定着率は飛躍的に高まります。

　また、苦手な単元があれば、もう一度戻って理解する必要があります。もちろん、最初から完璧にやろうと思う必要はありません。繰り返し取り組む中で、定着率を高めていけば良いのです。26ページで紹介した東京の御三家と呼ばれる難関の私立大医学部に合格した生徒は、『チャート式』の苦手な単元を20回以上解き直したそうです。

基礎固めに用いる基本の参考書や問題集に書いてあることは、すべて大事なことなので、片隅に書いてあることも含め、隅々まできちんと目を通してください。

定着させるためのコツは？

完全定着 ➡ 瞬時に解法が浮かぶようになるまで
繰り返し 復習（アウトプット） する

インプット（ノートを見直す、覚える）

よりも

アウトプット （解き直す、類題を解く）

を重視‼

② 教科別 基礎を固める勉強方法

英語編

　英語の基礎力を固めるうえで大きな柱となるのは**語彙力、文法力、長文読解力**の３つで、これに**英文解釈力、英作文力、発音・アクセント力**などが加わります。これらを組み合わせた総合力が得点に反映されるため、英語の学習においては総合力を地道に上げていく必要があります。

Step 1　語彙力をつける

　基本的に暗記の範疇に入ります。**暗記ものは英単語に限らず、「質よりも回数」。**何回同じ単語に触れられたかが勝負です。英単語集に３周ほど取り組んで「単語が覚えられません」という人がいますが、３周で全部覚えられたら天才です。**10周、20周と繰り返さない限り覚えられないものだと考えてください。**使用する英単語集は、自分のレベルに合ったものから取り組んでください。諸説ありますが、中学校で習う英単語が1,500〜2,000語（a, the, this, doなども含む）、高校で習う英単語が3,000語程度（create, creation, creativeなどの派生語も含む）です。ここまでの**4,500〜5,000語で共通テストは十分に対応**できます。あとは志望する大学によってプラスアルファが必要になります。

　中学レベルの単語が心配な人は、まず中学レベル（高校受験用）の英単語集からスタートしましょう。高校レベルは大丈夫だという人は「大学入学共通テスト用」と銘打った英単語集から、共通テストレベルの単語まで自信のある人は、いわゆる「大学入試用」

として書店に並んでいる英単語集からスタートしてください。

　英単語集の学習を先へ先へと進めていくと、最初の頃に覚えた単語の記憶は残っていないのが普通なので、**繰り返し同じ単語に触れて、短期記憶を中期記憶へ、中期記憶を長期記憶へ変えていかないと定着は図れません。** そこで、毎日100語の英単語に「触れる」ことをお勧めします。2,000語の見出し語であれば、20日間で1周できます。1年あれば、余裕を持って10周以上できる計算です。ポイントは100語に「触れる」ことで、100語を「覚える」わけではないということ。本気で100語を完璧に覚えようと思ったら、それなりの時間が必要で、英文法も長文も勉強しなければいけないし、他科目の勉強もある中、英単語だけに毎日時間を割くわけにはいきません。ところが、100語に「触れる」程度のことなら10分もあればできてしまいます。以上のように、とにかく同じ英単語に触れる回数を増やして、語彙力を鍛えていきましょう。次ページに「英単語を覚えるコツ」を挙げておきます。

　気をつけたいのは、英単語集だけで覚えようと思わないことです。英単語の学習と並行して、英文法の勉強や長文の勉強も当然しているわけです。英語に触れるすべての機会で英単語を習得してください。長文中で覚えた英単語のほうが、強い印象を持って記憶にとどまりますし、生きた英単語が身につきますから。Z会の『速読英単語』のシリーズは、この方法に特化した英単語集です。

英単語を覚えるコツ!!

● 最初から英単語集に書かれているすべての情報に目を通そうとしない。最初は一語一義で、英単語と太字や赤字で書かれたメインの意味だけに目を通す。

● 発音、アクセント、品詞は必ず確認する。これをしないと発音、アクセント問題で苦労することになるし、長文を読む際の文構造把握にも苦労する。

● 目で見るだけでなく、音で聞く。多くの単語集には付属のCDがある。スマートフォンのアプリを利用して音声を聞けるようになっている単語集も。

● 隙間時間を最大限に活用する。英単語をチェックするのに机に向かう必要はない。10分程度の隙間時間は一日の中にいくらでも転がっている。うまく活用すれば、毎日100語どころか、200語、300語に目を通すことも可能。

● 一語一義で定着してきた英単語は周辺情報もチェックする。派生語や例文にも目を通す。

● 長期記憶として定着してきた英単語には印をつけて、覚えるべき英単語の絶対数を減らしていく。こうすることで周回ペースをどんどん上げていける。

● 10周以上しても覚えられない英単語は、単語カードをつくったり、紙に書いて覚えたり、語呂合わせにしてみるなど、最後の一踏ん張りをしてみる。

Step 2　文法力をつける

　英文法もどちらかと言えば暗記の範疇となりますが、単語と違って「理屈」が存在します。**正解を導くために考えるべきポイントとなる理屈は、必ず理解するようにしましょう。**最初は文法単元ごとの学習になります。英文法の参考書に目を通して、それぞれの単元のポイントを理解し、暗記すべき点を整理します。できれば**例文を暗誦しながら、各文法事項のポイントを習得すると良い**でしょう。「名詞」「代名詞」「冠詞」「接続詞」「前置詞」など品詞分類による単元は、細かい規則が多いので大変ですが、一度は参考書に目を通しておいてください。

　参考書を読んでポイントを理解・整理できたら、単元ごとの問題集で演習し、インプットした知識をアウトプットして定着を図ります。問題にもレベルの違いがあります。まずは**選択問題で演習し、単純なポイントを定着**させ、次に**整序問題でレベルアップ**を図ります。基礎段階であればここまでで十分ですが、意欲があれば和文英訳問題で仕上げておくと万全です。

Step 3　長文読解力をつける

　英語の学習を始めたばかりの段階では、語彙力や文法力を伴っていないため、英語長文の学習を進めても表面的な学習になってしまいます。そこで、**自分のレベルに合った英語長文の選択が重要**になります。レベル別でシリーズ化されている長文問題集であれば、自分のレベルに合った問題集を探しやすいでしょう。

　英語長文演習の入り口は「精読」です。わからない英単語の意味を調べ、SVOC（主語、動詞、目的語、補語）や、句や節などを丁寧に分析し、一文一文、和訳を考えていきます。

　「精読」がある程度進んだら、**「速読」にシフト**していきます。「速読」といっても何も特別なことをするわけではありません。次のような順番で学習を進めていきます。

　①、②は精読の段階で完成しつつあるので、③を意識することが重要となります。

長文読解学習の進め方

① 英文構造を書き込む手間を省く

② 返り読みをなくし、
英語の語順のまま処理する脳回路を構築する

③ 同じ文章で音読を繰り返し、
英文に対する反応速度を上げる

英文解釈系に分類されるテキストは、英語長文を読む際に、英文法で学んだ知識を活用する方法を学び、受験必須の英文和訳問題に対応する力を養うものです。グローバル時代の要請から、「教養英語から実用英語へ」の流れの中、短い英文を吟味することよりも**長い英文を処理する力が重視される傾向にあります。**私立大医学部には英文和訳問題が出題されない大学もありますが、国公立大医学部の多くは英文和訳問題を出題するため、英文解釈の学習が必要です。ただし、以前ほど難しい英文を和訳させる出題は少なくなってきているので、あまり時間をかける必要はなく、英語長文を学習する中で、複雑な英文を解釈する力も養っていくと良いでしょう。

　私立大、国立大を問わず、記述形式の医学部では、多くの大学で英作文が出題されます。英語→日本語の学習時間に比べ、日本語→英語の学習時間が圧倒的に少ない受験生がほとんどです。基礎段階ではいきなり大学入試レベルの英作文に取り組むのではなく、英文法の参考書に掲載されている例文の暗記から取り組んでください。自信のない人は、高校入試の英作文問題集を活用しても良いでしょう。文法事項の大半は中学校で学びます。時制や主述の対応、冠詞や名詞の単複まで意識して、**高校入試レベルの英作文を書けるようになれば、あとは多少の高校英文法と構文や語彙の知識で、大学入試の英作文にも対応できます。**

　また、一部の私立大医学部では、発音・アクセント問題が出題されます。直前になってテキストを購入し、つけ焼き刃の対策をする受験生も多いのですが、英単語は先述したように、**日頃から英単語を覚える中で、発音・アクセントも身につけていくのが最良の方法です。**現在は単語集とリンクしたスマートフォンのアプリがあり、音声で手軽に発音・アクセントを確認できます。

基礎を固める勉強方法まとめ 英語編

語彙力　必須英単語の暗記

■必須英単語4,500〜5,000語（共通テストレベルまで）

☆毎日英単語に触れる**「質よりも回数」**
☆何度も繰り返し、短期記憶　⇒長期記憶へ

文法力　英文法の単元ごとの学習

■英文法の単元ごとにポイントとなる**「理屈」**を理解する

①暗記すべき点を整理する
②例文を暗誦しながら、ポイントを習得する
③「選択問題」で定着　⇒**「整序問題」**でレベルアップ

長文読解力　自分のレベルに合った英語長文問題の選択が重要

■**「精読力」**の習得から始める

☆わからない英単語の意味を調べ、文構造を丁寧に分析して和訳する

■徐々に**「速読力」**の習得にシフトする

①文構造を書き込む手間を省く
②英語の語順のまま処理する練習
③音読で英文への反応速度を上げる

STEP
3

数学の基礎力は「計算力の養成」と「典型的解法の理解・定着」によって完成します。

Step 1　計算力を養成する

計算力は、次の2つの力に大別されます。

計算力として身につけるべき力

① 速く計算する力　② 正確に計算する力

まず、速く計算するためには、**「数に対する感覚」を磨く**必要があります（漫画「ドラゴン桜」でも "数の暗黙知" という言葉で紹介されています）。例えば、18という数字を見たとき、直感的に $10+8$、$20-2$、$2×9$、$3×6$ などのように思い浮かぶことを指します。この感覚が身についてくると、計算は確実に速くなります。例えば、$18×9$ を計算するのに、頭の中で「$18×9=(10+8)×9=10×9+8×9=90+72=162$」といった計算や、「$18×9=(20-2)×9=20×9-2×9=180-18=162$」、「$18×9=2×9×9=2×81=162$」といった計算が自然にできるようになります。

このような数に対する感覚を身につけるためには、何よりも**継続的に数字に触れることが大切**です。数に対する感覚は時間が空くと必ず鈍ってしまいます。そのため、**1週間に1回1時間の計算練習をするよりも、1回10分の計算練習を毎日繰り返したほうが大きな学習効果を得られます**。特に「数学が苦手」という人は、数学の学習をしない日をつくらないようにしましょう。仮

に学校の宿題がないような日があったとしても、10〜15分程度の計算問題に取り組むようにしてください。毎日継続的に数字に触れることで数に対する感覚が身につき、計算速度は見違えるほど向上します。

次に、正確に計算するために必要なことは、**「暗算に頼りすぎずに手を動かすこと」**と**「見直し」**です。よく、速く問題を解くことを目的として、暗算を多用したり、途中計算や筆算を書くことを省略したりする人がいますが、これは大きな間違いです。途中計算を書いたり筆算を使ったりすると時間がかかると考えがちですが、実際には下手に頭の中だけで処理をするほうが計算ミスも多くなり、かえって時間がかかることが多くなってしまいます。一方で、**筆算や途中計算をしっかりと残すことで、必要最小限の時間で処理できるので、あとで見直しができます。**

実は、数学が得意な人、計算力がある人でも、まったく計算ミスをしないわけではありません。では、計算力のある人とそうでない人の違いは何でしょうか。私は**「計算力のある人＝自分のミスに気づいてリカバリーができる人」**だと考えます。仮にミスをしても、解答の途中でそのミスを見つけて修正しているため、結果として正確な答えを導き出せているのです。自分でミスに気づいて修正するためにも、筆算や途中計算は決して省略すべきではありません。これらを書くことは速く解くことと相反するものではないのです。このような考えから、私は2桁どうしのたし算・引き算、2桁×1桁のかけ算、1桁でわるわり算以外は、暗算は使わず必ず筆算を使うように指導しています。

なお、見直しの精度を向上させるために、計算ミスをしてしまったときにはその原因や種類をしっかりと分析するようにしましょう。たし算・引き算の際の繰上げ・繰下げのミス、方程式を解く際の移項に伴う符号のミス、乱雑な字を書いてしまったための

見間違いなど、ミスといってもいろいろな種類のミスがあります。これらを一括りに**「ケアレスミス」と捉えているうちは、絶対にミスはなくなりません。**ミスに気づきミスをなくすためには、自分がどのようなミスをしやすいのか、その傾向を把握して、意識してなくす努力に取り組むことが重要なのです。そのため、メディカルラボでは生徒の皆さんに「ケアレスミスノート」というものを配布し、ミスの内容を書き留めて自己分析し同じようなミスを繰り返さないよう意識してもらう、といった取り組みを行っています（226ページ参照）。

Step 2　典型的解法の理解と定着を図る

　次に、実際に問題を解けるようになるために大切なのが、**典型的な問題に対する解法を理解して身につけること**です。そのためには、**「公式・定理」と「解法の方針」の2つを理解し、定着させる**必要があります。

　まずは公式・定理ですが、これは言わば「答えを簡単に出すための道具」です。例えば、中学校でも習った2次方程式の解の公式 $x = \dfrac{-b \pm \sqrt{b^2 - 4ac}}{2a}$ は平方完成と言われる煩雑な式変形をしなくても、方程式の係数を代入するだけで答えが出せるといった便利な道具です。この道具を使いこなせるようになるためには、単に公式を丸暗記するだけではなく、その「使い方」と、それが使える「場面」をあわせて理解しておく必要があります。先ほどの解の公式であれば、「2次方程式 $ax^2 + bx + c = 0$ の x^2 の項の係数を a、x の項の係数を b、定数項を c としてそれぞれを代入する」というのが使い方です。また、「2次方程式の解を求めるとき」というのが、公式を使う場面です。このように、公式・定理は必ずその使い方と、それを使う場面をあわせて覚えるようにしましょう。

　次に解法の方針ですが、これは**「問題を解くための設計図」**のようなものです。やみくもに問題に取り組んでも正しい答えに到達するのは難しいですから、まずはどうすれば自分が持っている道具（公式・定理）を使えるようになるのか、設計図をつくるのです。前出の2次方程式を例に説明すると、2次方程式の中には（　　）を含むなど複雑な形をしたものがあります。それらに対して解の公式を使おうと思ったら、まずは「式を変形して、$ax^2 + bx + c = 0$ の形に整理する」と考えて計算を始めますよね。これが、設計図（解法の方針）です。

　実際に高校の数学の授業では、『チャート式』（数研出版）や『Focus Gold』（啓林館）といったテキストが用いられます。これらのテキストの「例題」には、典型的な解法が取り上げられています。数学の基礎力を固めるためには、まずはこれらの例題やその類題に取り組んでください。その際には必ず、「どの公式・定理を使うために、どのような解法の方針を立てているのか」、つまり**「どのような設計図をつくって、どの道具を使っているのか」を理解する**ことを心がけましょう。

　また、「なぜその公式・定理を用いようと考えたのか」、つまり**「その道具を使う場面にどのように気づいたのか」という視点を持つことも大切**です。これらを確認・理解するために、問題を解き終えたあとには、解説を読みながらじっくりと解法についての振り返り（フィードバック）をしてください。メディカルラボの生徒によく言うことなのですが、「問題を解き終わったあとが、本当の学習」です。**問題を解くのにかかった時間と同等の、もしくはそれ以上の時間をかけて、その問題で使った公式・定理や解法の方針についての分析をしてください。**

典型的な問題の解法が理解できたら、次に目指すべきことは問題を見たときに**「ここはこの解法が使える」と即座に判断できる力を身につける**ことです。私はこれを**「解法の瞬発力」**と呼んでいます。解法の瞬発力を身につけるためには**繰り返し問題に取り組む**ことが何よりも有効です。何度か手を動かして解いたことのある問題であれば、問題を見て解法を頭に思い浮かべるだけでも効果があります。例えば定期テスト前に最後の確認で復習をしたいときなどは、このような手法を学習に取り入れてみてください。

基礎を固める勉強方法まとめ 数学編

計算力の養成

■ **「速く」** 計算する力

☆「数に対する感覚」を磨く
☆毎日計算問題に取り組む

■ **「正確に」** 計算する力

☆自分のミスに気づいてリカバリーできるようにする
☆ミスの原因・種類の分析　⇒「ケアレスミスノート」の活用
☆暗算に頼りすぎない・途中計算を省かない

典型的解法の理解・定着

■ **「公式・定理」** ＝答えを簡単に出すための道具

☆「使い方」と「使う場面」をセットで覚える

■ **「解法の方針」** ＝問題を解くための設計図

☆典型問題の解法の理解に努める
　「どのような設計図を作って、どの道具を使っているか」

■ **「解法の瞬発力」** ＝使う解法を即座に判断する力

☆繰り返し、典型問題に取り組む
☆問題を見て解法を思い浮かべる

STEP
3

化学編

　化学で医学部合格レベルに到達するためには、基礎事項の**「理解と定着」**が不可欠です。最終的に入試問題で合格点を取るためには、当たり前のように理解し使いこなせる範囲を広くしておく必要があります。理解はしていても定着が弱く、試験のたびに頭をひねって考えているようでは、試験時間内に解き切れなかったり、ケアレスミスを頻発したりします。また、丸暗記で知識や解法の定着はできていても、理解が浅ければちょっとした問題内容の変化に対応できなくなってしまいます。**「理解したうえで瞬時に使えるように定着させる」**ことが大変重要になってきます。

　化学の学習の難しさとして、学習範囲が広いことに加えて、数学や物理のように**理論・理屈・考え方・計算を中心とする部分（主に理論化学）**と、**知識・系統分類・暗記（主に無機化学・有機化学）を中心とする部分があり、その両軸を揃えないと高得点を見込めない**という面があります。常にこれらを意識して化学の学習を進めていくことがカギとなってきます。では、具体的にどのような学習方法で進めれば良いのでしょうか。

　化学の基礎を固めるために準備するものは基本的には２つだけです。**教科書**（または教科書の代わりとなる参考書）と**基礎〜標準レベルの問題集**です。使用する問題集は高校で教科書傍用として配布される『セミナー 化学基礎＋化学』（第一学習社）、『リードα 化学基礎＋化学』（数研出版）などが最適です。ただし、基礎固めの段階では、発展・応用問題は飛ばしておきましょう。これらを１単元ごと進めていくと良いでしょう。

開催地	実施日	開始時間	会 場
札幌	3/21(火・祝)	14:00	札幌時計台ビル
仙台	2/18(土)	14:00	SS30
埼玉	3/18(土)	15:00	大宮ソニックシティ
柏	2/26(日)	15:00	Kコンサルティング セミナールーム
千葉	2/26(日)	10:30	ちば セミナールーム
新宿	3/11(土)	15:00	TKP新宿西口カンファレンスセンター
立川	2/4(土)	15:00	立川商工会議所
横浜	2/25(土)	14:00	KDX横浜ビル
町田	2/5(日)	11:00	レンブラントホテル東京町田
静岡	3/5(日)	11:00	静岡駅ビルパルシェ
浜松	1/9(月・祝)	14:00	アクトシティ浜松
名古屋	3/5(日)	15:00	ウインクあいち
金沢	3/4(土)	15:00	メディカルラボ金沢校
京都	2/19(日)	15:00	キャンパスプラザ京都
梅田	2/12(日)	11:00	グランフロント大阪
天王寺	1/29(日)	15:00	メディカルラボあべのハルカス校
奈良	1/29(日)	11:00	ル・シエル学園前
神戸三宮	2/12(日)	15:00	三宮コンベンションセンター
岡山	2/19(日)	11:00	岡山コンベンションセンター
広島	2/11(土)	15:00	メディカルラボ広島校
松山	3/19(日)	14:00	えひめ共済会館
小倉	3/12(日)	11:00	アミュプラザ小倉
博多	3/12(日)	15:00	JR博多シティ
熊本	2/23(木・祝)	10:00	くまもと県民交流館パレア
鹿児島	2/23(木・祝)	15:00	鹿児島中央ビルディング
オンデマンド	公開期間：2023/3/6(月)〜2023/3/31(金)予定		

●会場・日時は変更になる可能性がございます。お近くの校舎にお問い合わせ、またはホームページでご確認ください。

申込方法 ≫≫ お電話、またはメディカルラボ公式ホームページよりお申込みください。
https://www.medical-labo.com/posted/kani_lecture/
※各校舎の電話番号はホームページでご確認ください。

Step 1　教科書（参考書）を読む

完璧である必要はありませんが、書いてある内容を理解しながら読んでください。教科書にあまり興味が持てない人は、図やイラストを多用し、噛み砕いた話し言葉で書かれている参考書を代わりに使ってもかまいません。

Step 2　基礎〜標準レベルの問題集に取り組む

1つの単元の内容をいったん頭に入れたら、次に問題集に取りかかります。一度教科書を読んだだけなので、すぐに解けるわけはありません。知識もないのに考えても時間の無駄になるので、この段階ではわからなければ割り切って解答を確認しましょう。

ただし、解答の確認を単なる正誤チェックで終わらせてはいけません。**必ず解説を熟読し、教科書・参考書の該当部分をもう一度読み直すなどして理解を図ってください。**この学習サイクルを繰り返すうちに徐々に知識が定着していきます。最終的に、**掲載されている基本問題であれば、問題を見たらすぐに確実に解ける状態を目標としてください。**

Step 3　知識・解法を定着させる

繰り返す回数は人によりますし、単元にもよるでしょう。最初の数周は時間がかかりますが、理解、定着、暗記が進むにつれて、短時間で1周できるようになります。基本となる教科書、問題集と併用して活用したいのが一問一答式の問題集と資料集（図説）です。「理解したうえで定着」と言いましたが、定着させるには努力が必要です。通学時間などを活用して、何度も繰り返さないと記憶に定着していきません。そのためには**コンパクトな一問一答式の問題集が役立ちます。**語呂合わせなども紹介されているので、上手に活用して知識の定着を図りましょう。『一問一答 理系

のための化学（化学基礎・化学）ターゲット』（旺文社）や『化学基礎 一問一答【完全版】2nd edition』『化学 一問一答【完全版】2nd edition』（いずれも東進ブックス）などがお薦めです。また、分子の構造や実験器具の各部の名称や使い方、沈殿物の色など具体的なイメージで捉えたほうが覚えやすいものは資料集（図説）を活用してください。右脳タイプの人は、イメージを活用したほうが効率よく覚えられると思います。

　とにかく**基礎ほど大切**です。教科書レベルの内容、なかでも土台となる知識や考え方を身につけることが重要となります。中学校の理科で学ぶ化学の内容は、限られた物質、限られた化学反応、限られた計算が対象となるので、丸暗記を中心とした学習でも何とか対応できます。しかし、高校で学ぶ化学は、扱う物質の種類も反応の種類も多く、計算も複雑です。原子の構造や結合のしくみ、化学反応のしくみやプロセスなどを**理解しながら定着**させ、**応用できる土台を築いて**いかないと対処できません。

　基礎レベルが固まっていないのに、標準レベル、応用レベルと難度を上げて学習を進めると、表面的な丸暗記になってしまい、結局は定着できず学習効率が悪くなってしまいます。多少時間がかかっても、基礎レベルは自信が持てるまで繰り返して理解と定着を図り、**人に説明できるようになる**ことを心がけましょう。

基礎を固める勉強方法まとめ 　化学編

基礎事項の理解・定着

■理解したうえで瞬時に使えるように定着させる

①理論（理屈・考え方・計算など）を中心とする
「理論化学」
②知識（系統分類・暗記など）を中心とする
「無機・有機化学」

Step 1 　教科書(参考書)を読む

Step 2 　基礎〜標準レベルの問題集に取り組む

☆解説を熟読し、教科書（参考書）に戻って理解を図る

Step 3 　知識・解法を定着させる

☆一問一答式問題集や資料集（図説）の活用
☆基本問題を繰り返し解き直す

自分の言葉で人に説明できるレベルまで 理解を深める

STEP
3

生物編

　生物の学習において最も核になることは、**基本的な用語やしくみを正確に理解し、確実に暗記すること**です。各単元の生物現象は、しくみや発現の仕方に縦横の「つながり」があるので、覚えることは多いものの、この「つながり」が理解できていれば定着は早くなります。

Step 1　教科書（参考書）を読む

　生物の基礎を固めるためには、**教科書（または教科書の代わりとなる参考書）を読むことが一番の基本**になります。まずは教科書を章ごとにしっかりと読んで内容を理解しましょう。その際に、文章だけを読み進めるよりも、**図などを併用しながら確認していくと理解がしやすくなります。**例えば腎臓における「ろ過」や「再吸収」を学ぶ際には、『スクエア最新図説 生物』（第一学習社）、『視覚で捉えるフォトサイエンス生物図録』（数研出版）などの資料集に掲載されている図を用いて、教科書の文章に書かれている「血液から原尿へとこし出される物質の流れ」や「原尿から血液へと再吸収される物質の流れ」を視覚的にも捉えましょう。その後、再度自分の頭の中で物質の流れをイメージ化することによって、文章を読んだだけのときとは比べものにならないくらい理解が深まります。

Step 2　基本問題を解く

　各単元の内容をおおむね理解できたと感じたら、次は教科書の章末問題や『セミナー 生物基礎＋生物』（第一学習社）、『リードα 生物基礎・生物』（数研出版）などの教科書傍用問題集や『エクセル生物』（実教出版）などの基本問題を解きながら（発展・応用問題は飛ばしておく）、覚えるべきことを覚えるとともに、

本当に理解ができているかを確認します。その際には、ただ単に答えを覚えるだけではなく、**他の人に生物用語の意味や問題への考え方を説明できるくらいまで理解する**ことを目標としてください。基本問題だからといって軽んじるのではなく、スラスラと解けるまで繰り返し解くこと、そしてそのことを通して、各単元の内容や生物現象をそれぞれストーリーのように、自分の言葉で説明できるレベルまで理解を深めることを意識して学習してください。

Step 3　計算問題の解き方を理解する

　生物の計算問題が苦手という人もいると思いますが、単純に計算そのものが苦手というよりも、式の立て方や公式の使い方がわからないということが多いのではないでしょうか。これは、公式の成り立ち・意味、公式の基になる生物現象そのものの理解不足が原因になっていることがほとんどです。公式や計算方法を丸暗記しているだけでは、典型的な問題には対応できても、少し条件や問われ方が変わると通用しません。また、呼吸やアルコール発酵の反応式が書けない、DNAの複製・転写・翻訳のしくみがきちんと理解できていない、運動神経の興奮から筋収縮までの流れが説明できない、など、生物現象そのものを正確に理解していなければ、当然ながら式は立てられません。それだけではなく、現象そのものの理解不足は、計算問題以外の知識問題や考察問題においても致命的です。したがって、公式や解法を丸暗記するのではなく、**公式そのものの成り立ち・意味や使い方、そこで扱われている生物現象をしっかりと理解して立式する**姿勢を身につけることが重要です。

Step 4　復習する

　なお、初めて生物を学習する場合、次々と新しい情報をインプ

ットしていく必要があり、最初の頃に学んだことを忘れてしまうことがよくあります。それを防ぐためにも、**教科書の章ごとに学習を進めながら、2～3章前の内容について教科書傍用問題集の基本問題を解き直す「復習」を同時に進めることが重要**です。また、知識の定着に不安がある受験生には、『必修整理ノート 生物基礎』『必修整理ノート 生物』（文英堂）や『リードLightノート 生物基礎』『リードLightノート 生物』（数研出版）などのような市販のサブノートを使って学習内容をまとめる作業や、一問一答式の問題集を通学などの隙間時間を使って繰り返すなどをお勧めします。

　生物学は科学でありながら多様性が極めて高い学問です。普遍性や再現性が求められるのが科学の原則ですが、生物学の場合は、適者生存という進化論（ダーウィニズム）をベースにしつつも、進化の過程で偶然そうなったという生物現象も少なからずあります。そのような非合理的な現象も含めて多種多様な生物現象を進化の結果の物語として捉え、その中に共通性を見出していく柔軟な姿勢が必要です。

　また、生物学のもう1つの特徴としては、分子レベルで細胞の特徴を学び、地球レベルで生態系を学ぶというような幅広い階層性があります。それぞれの階層間の関連を意識しながら、「木を見て森も見る」という姿勢で学んでいくことも重要になります。

基礎を固める勉強方法まとめ　生物編

生物用語やしくみの正確な理解・定着

Step 1　教科書（参考書）を読む

☆章ごとに内容を理解する

☆図説や資料集を活用する

　⇒図を併用すると理解がしやすくなる

Step 2　基本問題を解く

☆教科書傍用問題集などの基本問題を解く

　⇒生物用語や生物現象のしくみ、基本問題の解き方を説明できるレベルまで理解する

Step 3　計算問題の解き方を理解する

☆公式の成り立ち・意味や使い方を理解する

☆生物現象のしくみを理解したうえで立式する

Step 4　復習する

☆定期的に2～3章前の基本問題を解き直す

自分の言葉で人に説明できるレベルまで理解を深める

STEP
3

　物理は、苦手意識のある人にとっては、理系科目の中で最も取っつきにくい科目ではないでしょうか。高校物理は力学の単元から始まりますが、可視化できない「力」というものを自分の中でイメージしたうえで、さらに計算等の処理をしなければならないことが、その取っつきにくさの原因と思われます。苦手意識を克服し、物理の基礎力を身につけるためには、以下の3つのステップで学習を進めてください。力学分野を例に説明していきます。

Step 1　イメージを明確化する

　物理の問題を読んだ際に、まず真っ先にやるべきことが**「イメージの明確化」**です。例えば、力学分野の問題では対象としている物体に外部から力（外力）がはたらいている場合と、対象としている物体のグループ内でお互いに及ぼしあう力（内力）しかはたらいていない場合では、式を立てるときの方針が大きく異なります。そのため、問題を読んだらまずはどのような力がどちら向きにはたらいているのかを図中に矢印（ベクトル）で書き込む習慣を必ずつけましょう。また、「物体Aが物体Bを右向きに押す力」「物体と床の間にはたらく進行方向と逆向きの摩擦力」といった具合に、それぞれの力の種類と向きを言語化してみましょう。このように、**目には見えない力というものを、矢印（ベクトル）という形で可視化し、言語という形で具体化すること**が、力学分野の問題を解いていくうえでの一番の土台となります。

Step 2　公式・法則の使い方を理解する

　次に、公式・法則の使い方を確実に理解します。「公式・法則の使い方」と表現すると、文字式で表現されたそれらを暗記して、ただ数字や文字をあてはめれば良いと考える受験生が多いようで

すが、大切なのは**「どのような場面で公式・法則を使うのか」**を理解することです。例えば、「物体にF_AとF_Bの2つの力がはたらいていて、物体が静止（または等速直線運動）している場合」には、2つの力がつりあっていることになり、『力のつりあいの式$F_A = F_B$』を用いて立式をすることになります。また、同じく「物体に一定の大きさのF_AとF_Bの2力がはたらいていて、物体が加速度運動している場合」には、力はつりあっていないので、F_AとF_Bの合力をFとすると、『運動方程式$ma = F$』を使った立式になります。このように**「○○なので□□の公式・法則を使う」といったように、言葉で説明できるようになること**こそが「公式・法則の使い方を理解する」ということです。また、正確に公式や法則を使えるようにするためには、まずは教科書などを使ってその成り立ちや意味を正確に理解することが不可欠です。なお、熱力学の分野では、公式を導き出す過程そのものを問う問題も、多くの大学で出題されています。

　ここまでの2つが物理の基礎を身につけるための大きな柱であり、同時に、多くの受験生が苦労をするポイントでもあります。どうしても自分ではうまくイメージがつかめない、立式の方針が立てられないという場合には、マンツーマン授業などできめ細かなレクチャーを受けたほうが、物理に対して最初に感じる壁を越えて、効率的・効果的に学習を進められるでしょう。

Step 3　物理の計算処理に慣れる

　最後に、**「物理の計算処理に慣れること」**も重要です。物理では、文字を用いた煩雑な計算を求められることが多々あります。これはとにかく慣れていくしかありません。そのためにも普段から、**途中の計算を省略せずに、速く正確に手を動かしながら計算する練習**をしましょう。むろん物理だけでなく、数学の学習をする際にも同じことを意識すべきです。

基礎を固める勉強方法まとめ　物理編

Step 1　イメージを明確化する

例）力学分野の場合

■目に見えない**「力」**の可視化・具体化
　①矢印（ベクトル）という形で可視化
　②言語という形で具体化

Step 2　公式・法則の使い方を理解する

①教科書などで公式の成り立ちや意味を正確に理解する
②公式を自分で導出できるようにする
③**「どのような場面でどの公式を使うべきか」**を理解する
　⇒**「○○なので□□の公式を使う」**と言葉で説明できるよ
　　うに

Step 3　物理の計算処理に慣れる

■文字を用いた繁雑な計算に慣れる
　⇒途中計算を省略せず、手を動かしながら計算する練習を
　　重ねる

教えて！ **可児先生**
基礎固め編

英 語

Q . 医系の英単語を覚える必要はありますか？

A 答えはYes。
けれど、優先的に覚える必要はありません。

STEP 3

　国公立の単科医科大や私立大医学部の入試では、毎年のように医療系の長文を出題する大学もあります。特に東邦大学では、専門的な内容・語彙を含んだ医療系長文が出題され、難解な語彙にも注釈がつきません。しかし、その他の大学では専門的な語彙には注釈がつきますし、文脈から「これは体の部位を示していそうだな」、「これは何かの病名だな」くらいは類推でき、設問の解答には影響しないことがほとんどです。したがって、一般的な英単語集で一般的な語彙力を鍛えることのほうがずっと重要です。

　とは言っても、infection（感染）、artery（動脈）、embryo（胎児）程度の英単語は知っていてほしいですし、「病気」を表す語として、disease ／ sickness ／ disorder ／ ailment などの英単語が使われることは勉強しておいてほしいところです。「治療」という意味でも、treatment ／ therapy ／ care ／ cure ／ heal ／ remedy などの英単語が使われます。医療系の単語集まで購入して勉強する必要はありませんが、過去問演習に入った時期に、長文中で出てくる医療系単語については意識して覚えてください。

　繰り返しますが、『英単語ターゲット1900』（旺文社）などの一般的な単語集をしっかり仕上げることのほうが大切です。そのうえで、多少の医系単語は覚えておいたほうが得策です。

※2022年度入試では順天堂大学、帝京大学、藤田医科大学、兵庫医科大学、久留米大学などは医療系長文の出題率が高かったが、3分の1の大学では全く出題されていない。

　メディカルラボでは全私立大医学部の過去8年分の英語入試問題をAI（人工知能）に分析させ、頻出英単語を抽出し、さらにメディカルラボの講師の目で精査した「医学部受験生のための英単語」3055語を厳選しました。この単語を効率良く覚えるためのAIアプリもあります。

数 学

Q. 計算間違いが多いです。どうすれば良いでしょうか？

A 計算を得意にする特効薬はありません。でも、対処法はあります。

　計算力は、医学部を目指すうえで必須です。しかし、多くの受験生が計算間違いで苦労する姿を見ます。また、「わかっていたけれど計算で間違えた」等の声もよく聞きます。

　計算を得意にする特効薬はありません。計算問題を多く解くことで計算力自体を上げる方法や、時間を計って計算問題を解き、計算スピードを上げる等の方法があります。これらはすべて正しい方法と言えますが、一朝一夕で身につくものではありません。

　上記の方法は計算力自体の向上を狙った方法です。ここでは視点を変えて、計算力を上げるのではなく、計算による失点を防ぐテクニックのようなものについて話してみましょう。

　例えば、「式変形を行う場合、1行につき1回しか四則計算をしない」というルールを設けてみます。実は、計算間違いの大半は暗算を行う際に発生しています。式変形を行う際、ついつい「分母を払う」、「移項する」、「2乗する」等を一気に暗算で行いがちです。これを1行目「分母を払う」、2行目「移項する」、3行目「2乗する」と3行に分けて記載して式変形を行うだけで、暗算で行っていた箇所が筆算で行われるので、計算間違いを減らせます。さらに式変形のたびに検算もでき、計算の精度がさらに上がります。

　また、計算を時間無制限でできれば間違いも減るでしょう。すなわち「計算時間」を増やす方法ですが、「計算スピードを上げる」のではなく、「解法に至る時間を減らし、計算時間を増やす」方法もあります。「いやいや、考える時間をそんなに減らせないよ」と思われるかもしれませんが、「わかっていたけれど計算で間違えた」というあなたは、「わかる」ことはできているのです。それなら、苦手な「計算」のスピードを上げるのではなく、得意な「わかる＝解法に至る」時間を短縮できれば苦手な「計算」を補えるはずです。

　ここに挙げた方法はあくまで一例ですが、自分の状況に合った計算間違いの減らし方を考えていくと良いでしょう。

Step 4

合格を決める思考力・応用力をつける

基礎の応用で難問は解ける!

本文でしっかりチェック!

① 応用問題が合否を分ける

応用とは基礎の組み合わせであり、積み重ねである

　医学部入試では難度の高い応用問題の出来が合否を分けます。では、応用問題を自力で確実に解けるようにするためにはどのような勉強をする必要があるのでしょう。

「応用力」とは出題に『応』じて、基礎知識や公式、基本的な解法・定理などを『用』いて解く『力』であると言い換えることができます。つまり、**応用問題というものは基礎知識や基本的解法を組み合わせれば解けるように作成されています。**

　ですから、応用問題を解くときに使用する武器（**①基礎知識**）はすぐに使えるように常にメンテナンスしておく必要があり、応用問題を解く時期でも、苦手な単元などは基本的な問題集で繰り返し復習し直すことも大事です。

応用力を身につけるには？

応用力　＝　①基礎知識　と　②補助知識 を組み合わせて考える力

①基礎知識・・・単語・熟語・文法・構文、
　　　　　　　公式・定理・基本的な問題の解法…など
②補助知識・・・問題を解くときに①を生かすための知識

さて、応用問題を解くためには①**基礎知識**の他に②**補助知識**も必要な場合があります。では、『補助知識』とはどんなものでしょう。

　ここでは、2020年度の埼玉医科大学の実際の英語の入試問題を例に挙げて『補助知識』の説明をします。

　当年の埼玉医科大学の英語は、試験時間80分ですべてマークシート式の解答、出題は大問6題となっています。内容は文法問題が1題、残りの5題は長文読解で、長文の単語量は5題合わせて約2,250語でした。設問数は57問で、単純計算で1問当たりの解答時間が1分30秒弱となります。実際は長文を読む時間が必要となるため、文法問題についてはできるだけ短時間で解き終えて、時間的余裕を持ちたいところです。

　英語の文法問題については、正確な『基礎知識』とそれを活用するための『補助知識』をマスターしていれば、瞬時に解答できる問題が大半と言えます。実際の入試問題で確認してみましょう。

---

　1 下の問い(問1〜10)に答えよ。

　【A】(　　　　)に入る語句として最も適切なものを、
　　　下の①〜④のうちからそれぞれ1つずつ選べ。

問5　The last bus (　　5　　), I had to walk home.
　　　① went　② had going　③ having gone　④ had gone

（2020年度 埼玉医科大学 一般前期 英語）

　大問1の【A】の問5ですが、瞬時に解答を導き出すことができるでしょうか。入試に向けての学習が浅い受験生の解き方を見ていると、多くの受験生が問題文を和訳するところから始めます。

「最後のバス（ああ、最終バスのことか）が（　　　）、私は家まで歩かなければならなかった。」ということは、「最終バスが行ってしまったので」ってことだな。

①〜④は全部goの変形かぁ……。でも、「行ってしまった」っていう訳がぴったりあてはまるから、完了形になっている④が正解かな?!

　残念ですが不正解です。多くの英文法問題で問われているのは、意味内容の部分ではなく、英語の文法的な運用を理解しているかどうかです。したがって、和訳からのアプローチはあまり得策ではありません（もちろん、接続詞の問題など、意味内容から解答を導き出すタイプもあります）。この例では、和訳したあとで文法知識を用いて、完了形になっている選択肢を選んでいますが、これでは文法知識を上手く生かし切れていないのです。文法問題には最初から文法知識をフル活用し、そして**上手く活用するための『補助知識』を獲得しておく**必要があります。

　受験を意識した学習に取り組み、プロの英語講師に指導を受けていれば、「1文1動詞」の原則を聞いたことがあるはずです。残念ながら、他の文法知識に比べて、「1文1動詞」の原則は、一般的な英文法参考書で重要項目として扱われていません。いわば、入試問題を解くうえでの『補助知識』です。さらに言うと、「1文に2つ以上の動詞部分が存在するのであれば、接続詞に相当する機能を持った語句や文構造が必要である」、という『補助知識』を必要としています。

STEP
4

【接続詞に相当する機能】
　①接続詞
　②関係詞
　③分詞構文

これは、大学入試に携わるプロの英語講師であれば、必ず指導する『補助知識』です。この『補助知識』を活用すると、先程の問題は次のようにアプローチすることになります。

（まず選択肢を見て）goがいろいろな形で活用されているな。「時制」の問題？　「分詞構文」の可能性もありそうだな。

なるほど、The last bus（主語①）とgo（動詞①）、I（主語②）とhad to walk（動詞②）の組があるわけね。ということは、「1文1動詞」の原則に従い、接続詞相当の語句の存在が必要になるわけか。

でも、接続詞も関係詞も見当たらないということは……、ズバリ「分詞構文」!!

この選択肢で正しく分詞構文の形になっているのは③しかないから確定!!

　このように文法知識を生かして考えると、迷いなく短時間で正答を導き出せます。

　述語動詞の選択において、主語や時制、態、自動詞・他動詞などの区別、動詞の語法などを考えて解答を導き出すのは、受験英語においては当たり前のセオリーです。

　こういったセオリーは各科目にあり、これらを受験用の参考書や予備校などでしっかり身につけておくことも重要です。

　特に、出題形式別の問題集には、その出題形式の問題を解くのに必要な補助知識が載っています。**志望大学の出題形式に合わせた問題集で効率良く補助知識も身につける**と良いでしょう。

●思考力＝試行力（試行錯誤学習）

　私は、「思考力」は試行錯誤の「試行力」だと受験生に話しています。理系科目での試行の流れは次の通りになります。

第１段階　情報や式を整理する

　応用問題では設問に合わせて立てた式がとても複雑だったり、問題文が長く内容がつかみにくかったり、初見の実験で実験結果が複雑でわかりにくかったりすることもあります。
　そのような場合は、**式や情報を整理し、考える「手がかり（ヒント）」を見つけやすくするところから始めます。**
　例えば、「複雑な式を整理してわかりやすくしたり、グラフや図に表して視覚化したりする」とか「複雑な実験データは、基準となる対照実験を決めて、比較する表を作って整理する」とか、科目ごとに複雑な出題を考える「手がかり」をつかむための工夫があります。まずは、これを意識的にできるようにしましょう。

第２段階　意識的に仮説を立てる

　思考力を要する問題では、実際の入試の場面でも、与えられた情報、資料、データなどから、「チャートのあの基本例題の考え方を使えそうだ」とか「セミナー化学のあの計算問題の考え方が使えそうだ」というように、自分なりの仮説を立てて考えを進めることになります。ですから、できるだけ速く・正しく仮説を立てられるようにする必要があります。そのため、**思考力を要する問題に取り組むときは、まず「仮説」を立てて考えるようにしましょう。**このとき、その「仮説」を立てた根拠は必ず意識してください。
　「仮説」の立て方としては、次の３つの型があります。

仮説を立てるときの3つの型

① 順番型
与えられた文章・資料・データからできる解法を順番に考える

② 逆算型
ゴール（求められていること）から逆算して
どの解法が必要かを考える

③ 俯瞰型
出題者の意図を考える
（何についての知識・理解を見ようとしているのか）

　上記の①と②を組み合わせたり、①と②の間にどんな解法を組み込めばこの2つの間がつながるかを考えたりするなど、思考の流れをフローチャートにすると明確になります。①と②だけで考えに行き詰まったときは、③の出題者の意図を意識すると「手がかり」が見つかるかもしれません。26ページで紹介した東京の御三家と呼ばれる難関の私立大医学部に合格した生徒も、もともとは数学が苦手でしたが、レベルの高い問題集に取り組む際、問題を解くだけでなく、実際にフローチャートを書きながら、問題を解く流れを整理する練習を積むことで、劇的に応用力を伸ばしました。

第3段階　立てた仮説を検証する

　仮説を立てて問題を解いたあとは、自分の仮説の根拠を検証す

仮説が正しかった場合	仮説が間違っていた場合
（1）問題に与えられた情報・データのうち、何がこの仮説を思いつく「手がかり」になったかを確認する。 （2）自分が考えた「手がかり」以外にも、この仮説につながる情報・データがあるかを確かめる。	（1）自分の仮説を思いつく「手がかり」になった情報・データを確認する。 （2）正しい考え方の解法には、どの情報・データを使ったのかを確認する。 （3）（1）と（2）を見分けるポイントを整理する。

ることで、より早く正しい仮説を見つける「手がかり」を確認します。

実は、上図の右例のように**自分の仮説が誤っていたときのほうが、間違えやすいポイントも確認できる**ので、今後正しい仮説を立てるための情報が多く得られるはずです。間違えたことで自分はだめだと否定的に考えることはありません。間違いに向き合うことで、確実に思考力は身についていきます。

このように、**1．整理する → 2．仮説を立てる → 3．検証する** を繰り返すことで思考力を要する問題への対応力を確実に高められるのです。

思考力を身につけるために使う問題集は、問題数がそれほど多くないものがほとんどです。

例えば、物理では『名問の森 物理 力学・熱・波動Ⅰ』『名問の森 物理 波動Ⅱ・電磁気・原子』（ともに河合出版）が定番ですが、2冊合わせても140問ほどです。これらの問題の考え方がしっか

STEP
4

り身につけば、医学部レベルの物理の出題であれば、合格点をとれる力がついているはずです。

　したがって、思考力の訓練にかけられる時間をこの問題数を参考に設定し、思考問題を解くために必要な**①基礎知識、②補助知識**を定着させることにしっかり時間を使えるようにしてほしいと思います。何度も繰り返しになりますが、これらの定着は、丸暗記ではなく、必ず**「正しい理解」を伴った定着**になるよう、丁寧に取り組んでください。応用力は基礎を確実に身につけたうえで意識して訓練しないと、習得できません。ですから、医学部入試だからといってやみくもに難しい問題集に手を出すのではなく、まずは**①基礎知識**と**②補助知識**の理解と完全定着にしっかり取り組んでほしいと思います。

　また、応用レベルの問題になると論述・記述式で解答するものが多くなります。医学部に合格するためには**「合格答案作成」も意識して学習**を進めてほしいと思います。たとえ答えが合っていても、その過程を説明する記述が式の羅列になっていたり、証明問題で説明が不十分だったりすると減点されてしまいます。また、化学や生物でも200字を超える論述・記述問題がありますが、考え方は正しいのに、答案作成（論述・記述）がうまくできない人もいます。こういった受験生は、答案作成力（論述力・記述力）を身につける必要があります。出題に合わせ**①答案に表記すべき内容を整理**し、**②論理的に構成を組み立てる**ことを意識して、答案作成の練習をしてください。特に、論述・記述問題の解答の仕方に不安がある受験生は、採点基準を意識した答案の書き方や、減点されない答案の書き方、つまり、「合格答案作成」の仕方を、高校の先生や塾・予備校の講師に添削指導してもらうことをお勧めします。自分が書いた答案を修正してもらいながら、表記すべ

き情報の整理の仕方や論理的な構成の組み立て方について指導を受けることで、短時間で効率良く論述力・記述力を身につけられます。

その意味でもマンツーマン授業は特に応用レベルの学習に向いていると言えます。マンツーマン授業であれば、毎回確実に論述・記述問題の答案の添削指導を受けられます。

また、集団授業では、たとえ少人数だとしても思考力・応用力について講師から教えてもらえる内容は限られています。こうした授業では講師から生徒への「一方向」の指導となるため、模範となる考え方や解法を一方的に提示するだけになってしまいます。これでは講師が生徒一人ひとりの思考プロセスの課題点を把握し、それを直接修正することができません。思考力が必要な問題の解説授業を受けたとしても、その解法をただ覚えるだけでは、他の問題に応用できず、思考力・応用力が身につくことはありません。講師の解説から、どのようなプロセスを経てこれらの解法の組み合わせを導き出したのかを考え、そのプロセスを再現できるようにしなければいけないのです。

そのためには授業を生かして、生徒自身が試行錯誤を繰り返しながら思考力を伸ばす練習をすることが必須です。だからこそ、**「思考力＝試行力」**とも言えるのです。しかし、「一方向性」の授業では、授業中にこういった練習ができません。それに対し、「双方向性」のマンツーマン授業であれば授業中に「試行練習」ができ、その中で講師が直接、生徒の思考のプロセスを修正するとともに、考える「手がかり」を見つけるための新しい視点を身につけさせることができます。生徒一人ひとりの試行錯誤学習を直接サポートできるので、思考力・応用力を身につけるのに最適な指導法なのです。

応用力を身につける勉強方法

英語編

　基礎固めの学習習慣が身について軌道に乗ってくれば、着実に英語力がアップし、少々読み応えのある長文を読んでも挫折することなく読み通せるようになってきます。しかし、医学部入試レベルの英語に対応するためには、さらなる思考力や応用力の育成が必要になります。

Step 1　活用範囲の広い単語集を使う

　英単語については、基礎固めを続ける中で、共通テストに対応できる程度の語彙力はつきます。ここまでの英単語学習は、中心となる意味、品詞、発音・アクセントを覚える学習でしたが、ここからは、**周辺の意味、派生語、同義語、反意語なども意識して覚えていきましょう。**初期段階は情報量の少ないシンプルな単語集がお薦めですが、応用段階ではもっと活用範囲の広い単語集を使ってはどうでしょうか。例えば、『システム英単語』『システム英単語メディカル』（いずれも駿台文庫）は「ミニマルフレーズ」を売りにしていて、一例としてvividという英単語を覚えるために、have vivid memoriesというミニマルフレーズを掲載しています。これによりvividとmemoryという単語のコロケーション（よく使用される単語と単語のつながり）を理解でき、英作文などでも活用できます。また、『DUO 3.0』（アイシーピー）という単語集は、派生語、同義語、反意語などの情報が充実しています。1つの単語を、広がりを持って覚えられ、私立大医学部で出題さ

れる同義語選択問題にも強くなります。この段階になれば当然ですが、接頭辞、接尾辞、語幹もできるだけ意識して効率良く語彙力を強化していきましょう。

英単語学習応用編のポイント

① 中心となる意味だけでなく周辺の意味

② 派生語、同義語、反意語

③ 接頭辞、接尾辞、語幹も意識して

これらを意識的に覚えよう!!

Step 2　総合的な英文法・語法問題に取り組む

　単元ごとの英文法問題の習得が終われば、**単元別ではない総合的な英文法・語法問題に取り組み、思考力や応用力を鍛えていきましょう。**単元の枠を取り払った問題集の代表的なものには『英文法ファイナル問題集』(桐原書店) や『ランダム総点検 英文法・語法最終チェック問題集』(旺文社) などがあります。

　英文法・語法問題の応用レベルでつまずく原因は以下の2つです。

応用レベルの英文法・語法問題でのつまずきの原因

① どの単元のどの知識を活用して
正答を導けば良いのかわからない

② いくつかの知識が複合的に絡んでおり、
ポイントを1つ見抜いても別のポイントで
つまずいてしまう

最初のうちは正答率が上がらなくて当然なので、気にしないでください。それよりも、間違えた問題からしっかり学んでいきましょう。**解けなかった原因をはっきりさせ、自分が見逃していたポイント、習得できていなかった知識を確認し、次に類題に出会うときに備えてください。**このような演習を続けていけば、徐々にポイントを見抜く力を養えるとともに、細かい文法知識や例外、出題率の低い語法、イディオムなどの知識も強化できます。

Step 3　英文読解力を磨く

　長文読解の勉強を続け、「精読」レベルから「速読」レベルに実力が上がってくると、待ちかまえているのが、**「日本語訳はできるのに、文章内容がわからない」**という壁です。英語の長文を読解するという作業は、単に英単語やイディオム、英文法や語法の知識だけでできるものではありません。難度が上がってくると、難解な日本語の文章を読む場合と同じ問題が生じます。書かれている文章内容に対し、背景知識を持たないが故に、内容がまったく入ってこないという問題です。馴染みのない話題、興味のない話題、抽象的な内容、比喩の多用された文章、行間を自分自身で埋めながら読まなくてはならないような英文など、**自分の言語能力を超えた英文を理解すること**は困難です。

長文読解の壁は、読解力の不足です！

＜英文の読解力＞

英文テーマの土台となる　背景知識　が武器になる

　このような壁にぶつかったら、遠回りに思うかもしれませんが、**いろいろな文章に触れて背景知識を増やしながら読解力を磨いてください。**例えば、英語長文でよく扱われる題材について、経済・環境・医療・心理学などのテーマに親しむという視点で書かれた『話題別英単語 リンガメタリカ』（Z会）などを活用してみてください。英文を読む時間がなければ、解説や日本語訳部分を読むだけでも勉強になります。また、医学は自然科学の一分野なので、医学部入試では自然科学系の論文や、ずばり医療に関する長文などもよく出題されます。『改訂版 最新 医歯薬系入試によくでる英単語600』(KADOKAWA) などに加えて、『Science』や『Nature』などの科学誌を英語で読むなどすることで、背景知識も英語力も身につきます。

　また、医療系の長文ばかりを集めた長文問題集も出版されていますから、コツコツと背景知識を増やしてください。

Step 4　答案作成力をつける

STEP
4

　入試問題で合格点を取るためには、英語力（読む、書く）を磨くだけでなく、出題に対する答えを早く適切に作成する練習も必要です。読解した英文や資料の中から、

① 答案作成に必要な情報を選ぶ

② 事実と意見を区別する

③ 情報のつながりを理解する
　（A：まとめる、B：具体化、C：因果関係、D：比較・整理など）

④ 与えられた情報から推測する

など答案作成に必要な力をつけることを意識して練習をしましょう。こうした練習は、2021年度入試から新たに始まった共通テス

トの英語の対策としても重要です。

英文和訳、英作文や内容説明・要約などの論述・記述式の答案作成の対策は、**先生による添削指導が有効**です。「自然な日本語になるように和訳しなさい」、「自然な英語（ネイティブが使うような）で表現しなさい」と言われても、受験生自身にその判断はできません。通信添削の活用も良いですが、できれば高校や塾・予備校の先生を頼って添削してもらうのが得策です。なぜなら、通信添削の課題は必ずしも受験する大学の出題に合う、というわけではありません。一方で身近な先生であれば、受験する大学の出題に合わせた問題演習ができ、添削だけでなく直接アドバイスをもらえるメリットがあるからです。また、同じ問題に対する添削を何度も繰り返すことで、得点につながる答案を作成する精度を上げられます。どうしても自分だけで進めざるを得ない場合は、入試レベルの実践的な問題集を用いて、自分の書いた和訳・英訳と模範解答として掲載されている和訳・英訳を見比べて、習得すべき内容を把握しましょう。

答案作成力をつけるには？

・英文和訳
・英作文
・内容説明
・要約

➡ **必ず先生の添削指導を受けよう！**

Step 5　過去問を解く

　同じ英単語でも文脈によっては単語集に記載のない訳され方を
しているかもしれません。「過去時制だ！」と自信を持って書い
た英作文の模範解答が「現在完了時制」になっているかもしれま
せん。そういった細かい部分を随時修正して、レベルアップを図
りましょう。また、英語長文を読む際に、「この表現は英作文で
使えそうだな」、「この単語はこんな意味もあるのか」など、**意識
的に和訳・英訳に生かせる知識を増やしていきましょう。**

　すでに明確な志望大学があるのであれば、遅くとも夏くらいに
一度、実際の試験時間に合わせて過去問を解いてみます。そのと
きの自分の実力から、「合格するには何を鍛えなければならない
のか」を冷静に分析します。すると、「語彙力が必要だ」、「英文法・
語法の知識を強化しなければ」、「イディオムの勉強が足りない」、
「長文を読むスピードを上げないと間に合わない」など、それぞ
れ課題が見つかるはずです。明確な志望大学が決まっていなくて
も、ここは受験するだろうという大学が数校はあるはずなので、
2～3校ピックアップして過去問を解いておくと良いでしょう。

　秋になり、模試の結果が続々と出揃う頃には具体的な受験大学
が決まってくるはずです。英語は大学ごとに問題形式に違いがあ
るため、できるだけ効率良く対策したいものです。例えば、私立
大の医学部10校を受験するとして、マークシート式の大学8校、
記述式2校であれば、和訳や英作文の力を鍛えるよりも、速読の
スピードを鍛える演習が必要です。また、マークシート式の8大
学中、整序英作文は8大学すべてに出題され、下線部誤り指摘問
題が2大学しか出題されていないのであれば、整序英作文の対策
に力を入れるべきです。

　過去問を活用する意義は2つあります。1つ目は**決められた試
験時間内にいかに効率良く点数を稼いでいくかの練習**です。しっ

かり時間を計って問題演習に取り組み、効率良く点数を取るための解答順序などを工夫してください。500語程度までの英語長文であれば、一気に本文を読んでから内容一致問題に取り組んでも全体の内容が把握できるかもしれませんが、1,000語を超えるような英語長文であれば、段落ごとに設問を解くなどの工夫をしないと効率が悪くなります。2つ目は、**実際の入試問題のレベルに慣れる練習**です。市販の問題集に掲載される問題は、効率良く学習できるように問題が厳選されています。一方、実際の入試問題は、解答しやすい問題ばかりではありません。

　内容一致問題で非常に紛らわしい選択肢が含まれていたり、複数の項目が絡んだ文法問題が出題されていたりと、これまでに経験したことのないものも出題されます。**インプットした知識を自由自在に使いこなすためには十分にアウトプットして、ポイントを見抜く目を養う必要があります。**

　過去問演習でもそのような目を養うことを意識してください。加えて、大学によっては英語長文の内容や設問に特徴があり、複数年度の過去問を演習することで対応力や得点力を上げられるケースがあります。過去問を使った演習に入ってからも、常に使い慣れたテキストに戻って理解を深めたり、知識を補ったりといった地道な学習も続け、それらの理解・知識の集合体である入試本番の問題に対応できる力を養ってください。

応用力を身につける勉強方法まとめ 英語編

語彙力

■ 活用範囲の広い単語集を使う

①中心となる意味だけでなく周辺の意味まで
②派生語、同義語、反意語まで
③接頭辞、接尾辞、語幹も意識して効率よく

■ 医系英単語（臓器名、病気名など）も覚える

文法力

■ 総合的な英文法・語法問題に取り組む

☆単元別ではない総合的な英文法・語法問題に取り組む
☆間違いから学んでいく（ポイントを見抜く力、細かい知識など）

長文読解力

■ 英文読解力を磨く

☆英文で扱われるテーマの「背景知識」が武器になる
☆頻出のテーマを扱った英語長文に多く触れる

答案作成力

■ 出題に対する答えを素早く作成するための練習を行う

①答案作成に必要な情報を選ぶ
②事実と意見を区別する
③情報のつながりを理解する
④与えられた情報から推測する

■ 答案作成力を身につける

☆英文和訳・英作文・内容説明・要約は添削指導を受ける

STEP
4

数学編

　まずは、数学の応用問題を解くということがどういうことなのか整理してみましょう。応用問題に取り組む際にはおおむね次のような過程で考えをめぐらせていきます。

応用問題の解法プロセス

① 問題に与えられている数値や条件、求めるものを確認する

② 問題を解いていく手順を組み立てる

③ 組み立てた手順を1つずつ実行する

　特に問題が解ける・解けないを決めるのが、②の**「解答の手順の組み立て」**です。応用問題が解けるようになるということは、この解答の手順を自分自身で組み立てられるようになるということです。ただし、たとえ難解な入試問題であったとしても、未知の方法論を見つけ出して解くことを要求されることは絶対にありません。あくまで数学の基礎力を身につける勉強方法のパートで述べた典型的な解法をいくつか思い出し、それらをどういった順番で使っていくのかを考えることで正解へとたどり着くことができます。つまり、**数学の応用力とは、典型的な解法を組み合わせて考える力**なのです。

数学の応用力とは？

典型的な解法を組み合わせて考える力

Step 1　解答の手順を組み立てる

　では、解答の手順を組み立てる方法について詳しく見ていきましょう。組み立て方には大きく **「順番型」** と **「逆算型」** の2つがあります。問題に与えられた数値や条件を基に、できることを順番に行っていくのが順番型の発想です。それに対して、問題で求められているものから逆に必要なものをたどっていくのが逆算型です。次の例題を用いて、具体的にそれぞれ順番型・逆算型の発想を確認していきましょう。

> 例題：$x2 - 5x + 6 = 0$ の2つの解を a、$β$ とするとき、
> $a + β$、$aβ$ を2つの解とする2次方程式
> $x^2 + px + q = 0$ の係数 p、q を求めよ。

■順番型

　こちらは中学校でも習った2次方程式の解法や、方程式の解が元の方程式に代入できることを用いて、できることを順番にやっていきます。

(1)　$x^2 - 5x + 6 = 0$ を解いて2つの解 $x = 2, 3$ を見つける。
　　これが a、$β$ となる。

↓

(2)　$x^2 + px + q = 0$ の2つの解が $a + β = 2 + 3 = 5$、
　　$aβ = 2 × 3 = 6$ となる。

↓

$$\downarrow$$

(3) $x^2 + px + q = (x-5)(x-6)$ とおけるので、

右辺を展開して、$x^2 + px + q = x^2 - 11x + 30$

よって、$p = -11$、$q = 30$

■逆算型

一方、こちらは数学 II で学ぶ「解と係数の関係」を利用して、求めたい p, q がどのような値になるのかという視点から、逆算して必要なものを求めていきます。

(1) $x^2 + px + q = 0$ の解と係数の関係より $p = -(\alpha + \beta + \alpha\beta)$、

$q = (\alpha + \beta) \cdot \alpha\beta$ となることを見つける。

$$\downarrow$$

(2) $\alpha + \beta$、$\alpha\beta$ がそれぞれ、$x^2 - 5x + 6 = 0$ の解と係数の関係より $\alpha + \beta = 5$、$\alpha\beta = 6$ であることを見つける。

$$\downarrow$$

(3) これを用いて、$p = -(5+6) = -11$、$q = 5 \cdot 6 = 30$ を求める。

順番型、逆算型のどちらが優れているということはありません。ただ、**順番型の発想だけではなく逆算型の発想を身につけることによって、解くことのできる問題の幅は大きく広がります。**ぜひとも自分のものにしてください。

Step 2 アプローチの仕方を知る

　次に、解答を組み立てていくうえで、ポイントとなる考え方です。大別すると次の4つのアプローチが挙げられます。

解答組み立てのアプローチ

①適用
身につけた典型的な問題を思い出し、それをあてはめる

②分解
ある部分にだけ注目することや場合分けをすることで、
問題全体をいくつかの小問題に分ける

③簡単化
複雑なものを単純なものに置き換えて考えやすくする

④視覚化
図やグラフを利用して考えを整理する

STEP
4

　これも次の例題を用いて具体的に見ていきましょう。数学Ⅱの三角関数の応用問題です。

例題：a を定数、$0 \leqq \theta \leqq \dfrac{7}{6}\pi$ とするとき、

方程式 $\cos^2 \theta + \sin \theta = a$ の解の個数を求めよ。

　詳しい解答は省略しますが、おおよその解法の流れは次のようになります。

(1) 2つの関数 $\begin{cases} y = \cos^2\theta + \sin\theta \cdots ① \\ y = a \cdots ② \end{cases}$ のグラフの交点の個数を考える。

$\downarrow$

(2) 公式 $\sin^2\theta + \cos^2\theta = 1$ を用いて、①の式を
$y = 1 - \sin^2\theta + \sin\theta$ と整理する。
さらに、$t = \sin\theta$ とおいて $y = -t^2 + t + 1 \cdots$ ①' と整理する。

$\downarrow$

(3) ①'のグラフを書いて、a の値によって変化する $y = a$ との交点の個数を確認する。

$\downarrow$

(4) ただし条件 $0 \leqq \theta \leqq \dfrac{7}{6}\pi$ より、①'のグラフの $-\dfrac{1}{2} \leqq t \leqq 1$ の範囲だけに着目することを認識する。

$\downarrow$

(5) 1つの交点に対して、対応する θ の値が複数あることを考慮する。

　まず（1）の部分で、数学Ⅰの2次関数の単元でも学んだ典型的な解法「方程式 $f(x) = a$ の解は $\begin{cases} y = f(x) \\ y = a \end{cases}$ の交点を考える」を使っています。**問題を見て似たような解法を思い出す**「①適用」をしているわけです。

　次に（2）で $\sin\theta$ と $\cos\theta$ の入り混じった式を $\sin\theta$ のみに揃え、さらには文字の置き換えによって**式をシンプルな形へと変化させています。これが**「③簡単化」です。

　さらに（3）では具体的に**関数をグラフとして表現し、視覚的に交点の個数を数えていきます。これが**「④視覚化」です。

　ここまでは、問題で与えられた三角関数を2次関数の問題と捉

えて解いてきました。それとは別に、(4)では考えるべき2次関数の定義域（tの範囲）を、また(5)ではtの値に対応するθの値を考えています。これらは、(3)までの2次関数的な思考とは切り離して、"単位円"などを用いて三角関数的な思考をして求めるものを見つけていきます。このように、**問題を典型的な解法が使えるいくつかの部分に分けて考えていくのが「②分解」**です。

　応用問題に取り組み始めて直後は、どうしても解き方そのものに目が行ってしまい、解答全体を覚えようという意識がはたらきがちです。しかし、本当に重要なのは、ここまで説明してきたような**解答の手順の組み立て方であり、それを思いつくまでのアプローチの仕方**なのです。これらを身につけるために、**問題を解き終えたあとに上の例で示したように、与えられた数値や条件から解答に至るまでの流れを振り返る時間をとるようにしてください。**このような学習を、まずは標準レベルの問題からスタートし、少しずつ複雑な問題へとレベルを上げていきながら進めていきましょう。

　とは言え、数学が苦手な人にとっては、一人で取り組むのはなかなか難しいところがあると思います。メディカルラボが完全1対1のマンツーマンで指導を行っている大きな理由の一つが、こういった問題に対する「考え方」を一人ひとりの思考過程に合わせて指導できることにあります。学校をはじめとした集団授業や少人数授業の場合、あらかじめ教える側が考えた流れを一方的に示すだけで、聞いている側からすると、どういう発想をするとこういう流れに気づけるのかはなかなか見えてきません。どういう手順で解いていくのかはわかりますが、一番知りたいはずの発想の「手がかり」や根拠は見えてこないのです。この問題が解消しないかぎり、数学に対する苦手意識もまた解消できません。

　本来は、発想の「手がかり」や根拠を自分自身で見つけ出せるようになることが重要です。これができるようになるためには、

問題が解けなかった、または間違えたときに、「自分はこう考えたが、どこが間違っているのか」、「このように考えてきたが、ここで止まってしまった。何を思いつかなければいけなかったのか」などの疑問を先生にぶつけながら、**自分ができなかった部分を丁寧に補っていく**ことが重要なのです。数学を苦手としている受験生こそ、単純に「できない」で片づけずに、正しい解答と自分の解答との違いを把握し、**「解けるようになるためにはどのような知識、どのような発想が不足しているのか」**を臆せず先生に質問して教えてもらいましょう。その繰り返しが、「こういう発想をすれば問題が解ける」という思考力を身につけることにつながります。

Step 3　過去問を解く

受験勉強の最終段階では、志望校の過去問を解きながら応用力を身につけていきます。ただし、ただ問題を解くだけでは過去問演習の本当の効果は得られません。過去問に取り組む目的の一つに、**大学ごとの出題傾向、具体的には問題の難度、問題の分量、頻出分野、出題形式を把握すること**にあります。例えば国公立大医学部では証明問題を出題する大学が多いので、証明問題に対するアプローチの練習は必須です。また、中には1つの大問に対して、解法手順のヒントになるような（1）、（2）といった小問をあえて設定しないような問題を出してくる大学もあります。こういった問題に対しては、より深い思考までできるようにトレーニングを積んでおく必要があります。

このように自分が受験する大学の出題傾向を把握するためにも、必ず受験校の過去問は解いてください。また、過去問に取り組む中でわからないところがあれば、もう一度基本に立ち返ってやり直すということを繰り返してください。この積み重ねが合格点を取るために必ず役立ちます。

　さらにもう一つ、過去問演習に取り組むうえで重要なことが、**本番と同様に時間を計って問題に取り組む**ことです。私立大医学部に見られるマークシート形式の出題をする大学をはじめとして多くの大学で、かなりの処理速度を求められることになります。実際の制限時間の中で過去問に取り組み、必要なスピード感を確認しましょう。ただし、基礎力を身につけるところでもお伝えしましたが、「スピードを上げるために途中式や図、表、筆算などを省略して時間を縮めよう」という発想は決してしてはいけません。スピードが求められているからこそ、なるべくロスを減らすよう丁寧に解いていく必要があります。むしろ、**縮めるべきなのは問題を見てからその解法が思い浮かぶまでの時間**です。普段から解法の組み立て方を考えるトレーニングをしっかりとしていけば、必ずそこにかかる時間は短くなっていきます。

　加えて、全体の問題量・出題内容をざっと把握したうえで、**どの問題から優先的に取り組んでいくのか、どの部分に時間をかけるのかといった戦略も考えてください。**医学部入試は決して満点を目指す必要はありません。多くの大学では個別試験において6～7割程度の得点が取れれば合格点に達します。つまり、「どの部分で得点を取り、どの部分はあえて捨てるのか」といった取捨選択が重要になってくるのです。このような試験本番で合格点を勝ち取るための戦略を立てる力も、数学においての応用力と言えるでしょう。入試までに必ず養ってください。

STEP
4

応用力を身につける勉強方法まとめ 　数学編

数学の応用力とは

■「典型的な解法」を組み合わせて考える力

Step 1　解答の手順を組み立てる

■**「順番型」**と**「逆算型」**の両方の発想を身につける

　①**順番型**…できることを順番に行っていく
　②**逆算型**…ゴールから逆に必要なものをたどっていく

Step 2　アプローチの仕方を知る

■解法組み立てのアプローチ

　①**適用**……身につけた典型的な問題にあてはめる
　②**分解**……問題全体をいくつかの小問題に分ける
　③**簡単化**…複雑なものを単純なものに置き換える
　④**視覚化**…図やグラフを利用して考えを整理する

Step 3　過去問を解く

■出題傾向を把握する
　⇒問題の難度・分量・頻出分野・出題形式など

■時間を計って問題を解く

　☆課題点を確認し、改善計画を立てて学習する
　☆解答順序・時間配分などの戦略を考える

化学編

　化学の基礎固めのところで知識の理解と定着の重要性をお伝えしましたが、医学部入試に対応するためには、さらに身につけた知識を活用できるようになることが求められます。

Step 1　知識を整理し、組み合わせて使う力をつける

　有機化学で頻出の「構造決定問題」を思い浮かべてもらえばイメージしやすいのではないでしょうか。構造決定問題とは、例えば物質の分子式$C_aH_bO_c$が与えられた（もしくは計算により求めた）うえで、さまざまな実験操作の結果からその物質の構造を決定する問題です。これらの問題を解くためには、

（1）炭素原子Cと水素原子Hの個数の関係性から、不飽和結合・環式構造の有無を調べる。
（2）実験結果などから、物質に含まれる官能基の特定や構造の特徴を把握する。
（3）考えられるすべての構造パターンを列挙する。

といったように、段階を踏まえての検証が必要になります。特に(2)の段階においては、複数の知識を思い出したうえでそれらを組み合わせて用いることが求められます。

　例えば、分子式が$C_7H_{14}O_2$で表される化合物Aに対し、「水酸化ナトリウム水溶液を加えて加熱し、さらに塩酸で処理する」という操作が行われていれば「"加水分解"がおこり2種類の化合物BとC（飽和アルコールと飽和カルボン酸の組み合わせ）が得られる」という結果を思いつかなければなりません。加えて「この操作で生じた化合物Bに対してヨウ素と水酸化ナトリウム水溶

液を加えて加熱し、さらに塩酸を加えると、黄色の沈殿および化合物Cが生じた」という結果があれば、

①「化合物Bに対し"ヨードホルム反応"がおこった」
　⇒「$CH_3 - CH(OH) -$の構造を持つ」
②「化合物Cが生じた」
　⇒「化合物Cは化合物Bよりも炭素原子が1個少ないカルボン酸である」

と続きます。

　以上より、化合物Aは「プロピオン酸$CH_3 - CH_2 - COOH$（化合物C）と2－ブタノール$CH_3 - CH(OH) - CH_2 - CH_3$（化合物B）からなるエステルである」と把握しなければならないのです。

　このように複雑な処理手順とそれに対応できるだけの思考力・判断力が必要となるため、有機化合物の構造決定問題は医学部入試ではよく出題されます。さまざまな問題集に数多くの問題が掲載されていますから、それらに取り組みながら考え方を身につけていきましょう。その際に意識してほしいのが、**「知識を整理すること」**そして**「それらを組み合わせて使うこと」**です。

　また、近年では、選択式の問題で「すべて選べ」という形式の設問が増えています。複数の単元・項目にわたって選択肢が作られることも多いうえに、場合によっては「該当する選択肢がない」という答えが正解というケースもあります。これらの設問では、正しい選択肢や誤っている選択肢を1つだけ選ぶ問題と違って「何となく選ぶ」という解法は通用しません。**それぞれの単元の知識を正確に覚えることはもとより、関連する項目と組み合わせて理解し、設問に対して確実に知識を引き出せるようにトレーニングを積むことが重要**です。

Step 2　情報を整理し、
　　　　必要な知識を選択してあてはめる力をつける

　基礎レベルの問題と異なり、入試で出題される応用問題では、問題の文章（リード文）が長くなります。基本〜標準レベルの実験を題材にした問題においては、1つだけ、もしくは多くても2つ程度の操作が行われますが、応用問題においてはそうはいきません。複数の手順を踏んだ操作が行われるため、状況の把握自体が難しくなります。また、操作の数だけ実験後の状況やその数値の結果が記載されることになります。こうしてリード文が長くなり、受験生を苦しめるのです。加えて、化学の問題においては、数学と異なり、出てきた数値をすべて使うわけではありません。解を求めるために必要な数値がどれなのかを見極めながら、なおかつ有効数字を意識した複雑な計算処理をしていく必要があるのです。

　このような長いリード文を伴う問題に対応するためには、それなりの工夫が必要です。例えば、複数の手順を踏んだ操作が行われている場合には、それらを**短い文章や図などを用いて箇条書きにすると良いでしょう。その操作の目的を検証し、あわせてメモしておくと、後で見返したときに把握しやすくなります。**

　　　　　　　　　　　　　　化学の応用力とは？

　　知識を整理し、組み合わせて使う力
　　情報を整理し、必要な知識を選択してあてはめる力

　　重要　丸暗記でなく原理・原則から理解すること

また、化学反応においては、その内容を**化学反応式で表し、反応物・生成物それぞれについて、その質量や体積・物質量（mol数）といった関連する数値データを記載しておく**と、どれをその後の計算に用いれば良いのか把握しやすくなり、解法の筋道を立てやすくなります。ぜひ活用してみてください。

　なお、医学部の入試問題においては、時として教科書や参考書・問題集などでは見たことのない、受験生にとって未知の物質を用いた反応や実験などが題材として出題されることがあります。これらは、化学知識が豊富な一部の受験生だけが解答できる問題なのでしょうか。いいえ、違います。これらの問題はたとえその物質についての知識を持っていなくても、リード文に与えられた情報と教科書等で学んだ知識とを組み合わせることによって、必ず解を求められるように設計されているのです。つまりは、受験生の「知識を活用する力」を測るための問題なのです。これらの問題に対応するためには、まずは**諦めないこと**、そして**自分が学んで身につけた知識の中から何が使えるのかを考え、それらを問題にあてはめながら地道に解答への糸口をたどっていくことが重要**です。このような取り組みは、入試本番で初めて実践しようとしてもすぐにはできません。必ず過去問演習などを通して、練習の段階で試行錯誤する経験をしておいてください。

Step 3　良質な問題を繰り返し解く

　ここまで化学の応用力として2つの項目を挙げてきましたが、これらを身につけるためには良質な問題を用いた演習が欠かせません。そのためには、『実戦 化学重要問題集 化学基礎・化学』（数研出版）などを用いると良いでしょう。古くからある問題集ですが、毎年少しずつ問題が差し替えられています。解説がしっかりしており、入試を突破するために解けるようにすべき問題に対して、確実に解く力を養成してくれます。1周で終わらせず、2周、

3周と繰り返す価値のある問題集です。さらに、受験科目の中でも化学を得意科目とし、得点源に仕上げたいという人は、『化学<化学基礎・化学>標準問題精講 六訂版』（旺文社）、または『理系大学受験 化学の新演習』（三省堂）にも取り組みましょう。

ただし、ここに挙げた問題集はあくまでも一例であり、他にも入試対策の問題集には良いものが数多くあります。受験大学の出題レベルや出題形式に合わせ、解答・解説が自分にとってわかりやすい問題集を選ぶことも大切です。

なお、これらの問題集を用いて応用実践力を鍛える際には、次の2点に注意してください。1つ目は、**基礎固めの際に習得したはずの知識や考え方を忘れていないかをチェックし、忘れていた場合は、基礎固めのときに用いた教科書に戻って理解し直すこと**を怠らないことです。その際に、**丸暗記ではなく原理・原則から理解することを心がけること**が重要です。2つ目は、**新しい知識や考え方、発展的な内容（のちのち忘れてしまってもかまわないので）をいったんは習得するつもりで貪欲に学習すること**です。そのために、『理系大学受験 化学の新研究』（三省堂）を辞書代わりに常備し、気になる部分を調べることで、新しい知識を習得し理解を深めるための手助けとしてください。ここまで化学の学習を実践できた受験生は、入試本番で間違いなく合格に必要な点数を獲得できるでしょう。

応用力を身につける勉強方法まとめ 化学編

Step 1　知識を整理し、組み合わせて使う力をつける

■各単元の知識を正確に覚えることが大前提

☆関連する項目と組み合わせて理解する
☆設問に対して必要な知識を引き出す
　トレーニングを積む

Step 2　情報を整理し、必要な知識を選択して
　　　　　あてはめる力をつける

■長いリード文に対応するための工夫
　☆短い文章や図で箇条書きにする
　☆個々の操作の目的を検証しメモする
　☆化学反応式で質量・体積・物質量などの数値をメモする

Step 3　良質な問題を繰り返し解く

■基礎力を確認し直す
■新しい知識や考え方、発展的な内容を習得する

「知識を活用する力」を鍛える

生物編

医学部入試の生物で求められる力は多岐にわたります。どれ1つでも欠けることのないように、常に意識しながら学習することが重要です。

Step 1　基礎的な知識を詳細に深める

他の学問と比べても、生物学は急速に発展しつつある学問分野であり、10年前なら大学で学んでいた内容、あるいは数年前に発見された内容が高校の教科書に載っているという例がいくらでも見られます。現に『スクエア最新図説 生物』（第一学習社）という資料集は毎年のように改定されています。発展的な内容をより詳細な部分まで学ぶには教科書だけでは足りないため、資料集や『大森徹の最強講義117講』（文英堂）、『生物合格77講』（東進ブックス）などの参考書を用いて、周辺知識を強化していきましょう。また、「代謝」や「生物の環境応答」の分野など、教科書ごとに記述の詳しさに大きく差がある分野がいくつか存在します。そのような分野については、自分が使用している教科書には載っていないような内容でも入試で出題されることがあるため、前述の資料集や参考書を使って強化する必要があります。

STEP
4

Step 2　文章や図で表現する力をつける

　記述式の問題を出題する医学部入試においては、基本的な語句を問う問題だけではなく、**実験における操作についてそれを行う理由や、実験結果から導き出された結論についての根拠などを、指定の文字数以内の文章で記述することが求められます。**また、例えば「ゴルジ体の構造を図示せよ」、「動物細胞のM期の中期の様子を図示せよ」など、ときには**解答として描図を求められることもあります。**教科書傍用問題集である『セミナー生物基礎＋生物』（第一学習社）や『リードα生物基礎＋生物』（数研出版）、『エクセル生物 総合版』（実教出版）などにも、発展問題として数多くの論述問題が載っています。**基礎的な知識を詳細なものへと深める学習**をしながら、これらの発展問題にも取り組み、**「表現力」を身につけていきましょう。**その際、知識不足で書けなかった知識論述の問題はその都度チェックし、教科書や参考書に戻って知識を確認してください。そのうえで、自分の言葉で表現できるようにしていきましょう。

　出題に合わせ、

① **「答案に表記すべき内容を整理する」**
② **「論理的に構成を組み立てる」**

という意識を持って練習してください。また、自分なりの表現で論述できたものについても、模範解答の表現との違いが気になる場合には、必ず生物の先生に質問し、個別に確認してもらいましょう。メディカルラボでは入試において差のつきやすい論述問題で確実に得点するために、1対1の完全マンツーマン授業であいまいな表現や不確かな記述をなくしていく指導をしています。医学部合格を勝ち取るためには絶対に妥協することなく、論述問題に対する表現力を高めていってください。

Step 3　実験考察問題を解く練習をする

　実験考察問題と言っても、まったく0から新しい内容を考察するというものではありません。**皆さんが既に学習した内容と結びつけて考えられるかどうかを確認する問題**なのです。ですから、初見の実験だと思えるものを、リード文や実験方法、実験結果に隠されている「手がかり（ヒント）」を基に、よく知っている実験や生物現象、典型問題の解き方と結びつける練習をすれば、確実に解けるようになります。

　実際の実験考察問題には**今までに学んだ内容に結びつく「手がかり（ヒント）」**がいくつも書かれているはずです。それをリード文や実験の手順、実験結果などから探していくのですが、その時、**必ず「メモ」を取る**ようにしてください。「メモ」を取らずに問題文を読み、大事なポイントを頭の中にいくつも記憶しつつ、さらにそれを組み合わせたり、比較したりしながら思考するのはとても大変です。「メモ」を取るのは、思考や考察をスムーズに行うためですし、自分が取った「メモ」を見ることで、既習の内容に結びつくひらめきが起こることも多いのです。

実験考察問題の考え方

「手がかり（ヒント）」を集めて 仮説（方針） を立てる

よく知っている実験や生物現象・典型問題の解法と結びつける

※「手がかり」を集めるのに「メモ」を活用する

　それでは、入試問題のどこに考察の「手がかり」が準備されていることが多いのか、いくつかポイントを挙げておきましょう。

考察の「手がかり」を見つけましょう！

【考察の「手がかり」を見つけるためのポイント例】

① 実験の前に書かれている『実験の目的』は重要な「手がかり」です。印をつけたりメモを取ったりしましょう。

② 実験の条件（環境）、実験の材料にも「手がかり」があります。それぞれメモを書きながら整理しましょう。

③ リード文の最後の方に出てくる、「なお」「また」「ただし」は間違いなく重要な「手がかり」です。印をつけたり、メモを取ったりしましょう。

④ 実験結果は「対照実験」＝【比較したい条件のみが変わっていて、他の条件がすべて同じになっている実験】を意識して考えて実験結果を整理してメモを取り、さらにわかったことについてもメモを取りましょう。

⑤ 実験結果がグラフになっている場合、「グラフの縦軸・横軸」が何かを印をつけてしっかり確認しましょう。そしてグラフの傾きが変化している箇所など、大事なポイントをメモとしてグラフや図に書き込みましょう。

「手がかり」となる「メモ」を取る際は簡略化した図などを活用するとさらにわかりやすくなる場合もあります。
基本的な問題を解くときから
「メモ」を取る練習を繰り返しながら、
徐々に「メモ」をうまく活用できるようにしていきましょう。

このようにして集めた「手がかり」から、**基礎固めで身につけた知識や典型問題の解法などのうち、何と結びつけて考えれば良いのか**、という仮説（方針）を立てて問題を解いていきます。また、「手がかり」を基に、**出題者の意図**について考えることも大切です。複雑な考え方に基づく**計算問題も同様に「手がかり」を基に仮説を立てて計算の方針を決めて立式**していきます。仮説に基づいて問題を解いたら、解答・解説を見ながら、自分が立てた仮説（方針）が正しかったのか、「手がかり」となるポイントを見落としてなかったのかなど、一つひとつ丁寧に検証しましょう。こうした経験を積み重ねることで、「手がかり」を見つけるコツが身につき、早く正しい仮説（方針）を立てられるようになってくるはずです。

このような練習を、後述のような入試実践レベルの問題集や過去問の実験考察問題を用いて行います。慣れないうちは「何となく」解いたほうが速いように感じるかもしれませんが、入試で確実に点数に結びつけるための思考力・応用力を身につけるためには、上記の内容を意識して丁寧に考えることが大切です。このやり方に慣れてきたら、かえって早く・正確に実験考察問題が解けるようになるので、苦手な人も粘り強くがんばりましょう。

実験考察問題は配点が高く、合否に大きな影響を与える問題ですから、自分一人でこういった練習に取り組むのが難しいのであれば、メディカルラボのようにマンツーマンで生物の先生に指導を受けると良いでしょう。「手がかり」の「メモ」の取り方や、それらを活用して知っている内容にどう結びつけて仮説（方針）を立てるのかといった、思考の過程を直接指導してもらえれば、実験考察問題で他の受験生に差をつけられるようになるはずです。

思考力・応用力を身につけるには、受験大学のレベルに合わせて『理系標準問題集』（駿台文庫）や『生物の良問問題集』（旺文社）、『生物基礎問題精講』（旺文社）、『実戦 生物重要問題集』（数研出版）などを用いた演習が効果的です。さらに上のレベルを目指している人であれば『生物標準問題精講』（旺文社）、『生物思考力問題精講』（旺文社）、『医学部の生物 入試問題集』（旺文社）、『大森徹の最強問題集159問 生物』（文英堂）、『生物 論述記述問題の完全対策』（駿台文庫）などに取り組みます。これらの問題集は記述量が多く、表現力を鍛える練習にもなります。また、入試レベルの考察問題やグラフの読み取り問題、計算問題も多く含まれているので、思考力・応用力を身につけるのに役立ちます。不安な問題は3回以上繰り返し取り組み、実験考察問題での「手がかり」の見つけ方、仮説（方針）の立て方や、複雑な計算問題での立式の方法などを一つひとつ確実に身につけていきましょう。

Step 4　過去問を解く

　ここまで述べた学習で、ほとんどの大学の医学部入試における生物で合格点を取るための土台はできます。こういった学習を進めつつ、**定期的に過去問を使って志望大学の合格点と自分のギャップを確認しながら、確実に合格点を取る力を仕上げていきます。**

　過去問に取り組むうえで重要なことが、本番と同様に時間を計って問題に取り組むことです。

　全体の問題量・出題内容をざっと把握したうえで、どの問題から優先的に取り組んでいくのか、どの部分に時間をかけるのかといった戦略を考えることも大切です。医学部入試と言えども決して満点を目指す必要はありません。多くの大学では個別試験において6〜7割程度の得点が取れれば合格点に到達できます。つまり、どの部分で得点を取りどの部分をあえて捨てるのか、といった取捨選択が重要になってきます。このような試験本番で合格点を勝ち取るための戦略を立てる力も、入試までに必ず養ってください。

STEP
4

生物の応用力とは？

①基礎的な知識を詳細に深めること
②文章や図で表現する力
③実験や観察結果に対する考察力

応用力を身につける勉強方法まとめ 生物編

Step 1 基礎的な知識を詳細に深める

■発展的な参考書や資料集の活用

☆最新の知識・詳細な知識を身につける

Step 2 文章や図で表現する力をつける

■論述による説明や描図が求められる

☆文章や図による**「表現力」**を鍛える
　①答案に表記すべき内容を整理する
　②論理的に構成を組み立てる
　③論述問題の添削指導を受ける

Step 3 実験考察問題を解く練習をする

■学習した基本的内容と結びつけて考察できるかを
確認する問題

①「手がかり（ヒント）」を集めて「仮説（方針）」を立て
る
　⇒「手がかり」を集めるのに「メモ」を活用する
②よく知っている実験、生物現象、典型問題の解法と結び
つける

問題演習を通して思考力・判断力・表現力を身につける

　物理の応用力とは、**「問題に与えられた条件を読み取って、正しく公式や法則を活用する力」**と言えます。これらを、力学分野を例に挙げながら説明していきます。

Step 1　条件から発想のカギを見つける

　まずは、問題を解くためには、その際に用いる公式や法則を正しく選択する必要があります。そのためには、問題に与えられた条件から、どの公式・法則を用いるかという**「発想のカギを見つける」ことを意識しながら、問題に取り組まなければなりません。**

　公式・法則を選択する際の着眼点について例を挙げると、物体が運動している問題で、運動中のある時点のみ（１点）に着目した設問であれば、「運動方程式」を用いた立式を考えます。一方で、運動中のある時点と別のある時点（２点）に着目した設問であれば、「力学的エネルギー保存則」や「運動量保存則」を用います。また、後者はさらに、重力などの他に力がはたらいていない場合には「力学的エネルギー保存則」を、注目している物体間で力はおよぼしあっているものの外部から力が加わっていない場合には、「運動量保存則」を用いることになります。一見すると問題によって与えられた条件はまったく異なるため、完全に別のアプローチが必要と思いがちですが、今回の例のように時間軸やはたらいている力を基に、用いる公式・法則を選択できます。物理の応用力を身につけるためには、このような**問題ごとの着目すべきポイントを見つけ出し、それらを「発想のカギ」として活用できるようにしていくことが肝心**です。

STEP
4

Step 2　解法のセオリーを押さえる

　用いる公式や法則を特定できたら、次はそれらを基に立式を考えます。ここでのポイントは、立式の方針にも必ず決まった型、つまりセオリーがあるという点です。例えば、物体が静止しているつりあいの問題では、「水平方向のつりあいの式」、「鉛直方向のつりあいの式」、「モーメントのつりあいの式」の３つを考えます。注意したいのは、問題によっては解説に２つの式しか書いてない場合があることです。これは、問題を解くための方程式として活用できないために記載を省略しているだけで、実際にはちゃんと３つあります。また、斜面上に静止している物体に関する問題の場合、式を簡潔にするために、水平のかわりに「斜面に平行な方向のつりあいの式」を、鉛直のかわりに「斜面に垂直な方向のつりあいの式」を立てる場合があります。このように、多少のアレンジが入ることはあるものの、必ず３つの式を考えるということが、つりあいの問題に関する解法のセオリーです。**それぞれの公式・法則を用いる際の「解法のセオリー」をしっかりと押さえましょう。**

Step 3　良質な問題を繰り返し解く

　ここまでにお伝えした**条件から発想のカギを見つける力**や**解法のセオリーを押さえる力**を、問題演習の際には常に意識してください。また、**易しめの問題から標準レベルの問題、そして発展的な問題へと徐々に難度を上げながら、同一単元について繰り返し取り組むことが重要**です。最初は『セミナー 物理基礎＋物理』（第一学習社）の「基本例題」「基本問題」や『物理のエッセンス』（河合出版）、『らくらくマスター物理基礎・物理』（河合出版）などの問題集が良いでしょう。その後、『セミナー 物理基礎＋物理』の「発展例題」「発展問題」や『良問の風 物理』（河合出版）な

どを用いることにより応用力が身につきます。余力のある人、医学部の中でも旧帝大を始めとした難関大や難度の高い出題傾向の大学を目指している人であれば、『名問の森 物理』（河合出版）や『重要問題集』（数研出版）まで取り組むことで、さらに高い学力を身につけることが可能です。

　実は、**医学部入試における物理の問題では、ごく一部の大学を除き、まったく見たことのないような事象を題材にすることはほとんどありません。**必ず何かのテキストで取り組んだことのあるような事象が取り扱われているはずです。つまりは、**一見複雑そうに見える問題であっても、今までに練習してきた公式・法則は必ずあてはまるのです。**それに気づけるようになるためにも、問題を解き終えて答え合わせをする際には、**その問題の「発想のカギ」「解法のセオリー」は何だったのかを必ず振り返るようにしてください。**また、一度解いたことのある問題を、その2つを意識しながらもう一度解き直すことも有効です。物理は確かに取っつきにくい教科ではありますが、一度考え方や解法を身につけてしまえば、いろいろな問題に同じようにあてはめるだけで正解できる科目でもあります。取り組み方次第では、医学部入試で得点源にできる科目だと言えるでしょう。

物理の応用力とは？

与えられた条件を読み取って
正しく公式や法則を活用する力

①条件から発想のカギを見つける
②解法のセオリーを押さえる

応用力を身につける勉強方法まとめ 　物理編

例）力学分野の場合

条件から発想のカギを見つける

◎運動中の1点に着目　➡「運動方程式」を用いる

◎運動中の2点の変化に着目　┏➡「力学的エネルギー保存則」を用いる
　　　　　　　　　　　　　　┗➡「運動量保存則」を用いる

☆用いる公式や法則を特定する

問題ごとの着目すべきポイント ＝「発想のカギ」として活用

解法のセオリーを押さえる

■公式や法則を基に正しく立式する
　例）物体のつりあいの場合
　　・**水平方向**のつりあいの式　┓
　　・**鉛直方向**のつりあいの式　┣ 3つの式を
　　・**モーメント**のつりあいの式　┛ 考えることが
　　　　　　　　　　　　　　　　　 セオリー

一見複雑に見える問題も既知の 公式・法則の組み合わせで対応可能

教えて！ 可児先生

応用力アップ編 column

英語

Q・和文英訳（英作文）が苦手です。どうすれば良いですか？

A 基本的な英文法習得と例文暗誦がポイントです。

英作文に「和文英訳」と「自由英作文」があるのは知っていると思いますが、一定の表現の型を身につけ、英文法に自信のある人は、「自由英作文」のほうが楽だと感じていると思います。「自由英作文」では、与えられたテーマに沿ってさえいれば何を書いても良いので、自分が自信のある型、表現、英単語、英熟語に絞って書くことが可能だからです。一方で、「和文英訳」については、与えられた日本語に沿った英文を書かなければなりません。「地球温暖化」って英語で何て言うんだろう？　となった時点でアウトです（ちなみに、global warmingですね！）。

したがって、和文英訳問題に強くなるためには、次のようなことを意識してください。

①基本的な英文法規則を習得する

いくら優れた語彙力を身につけても、文法上の間違いがあれば減点対象です。中学校で学習するレベルの英文はすべて英作文できる程度の文法力は身につけておきましょう。

②「日⇒英」方向の語彙力を鍛える

英語長文を読みこなすために「英⇒日」方向の語彙力は鍛えざるを得ないわけですが、逆方向の「日⇒英」を意識して学習している人が少ないと感じます。英単語の学習をする際は、英語を日本語に直すだけでなく、日本語を英語に直す訓練も行ってください。そして、瞬時にアウトプットできるよう繰り返し学習しましょう。まずは、一般的な単語集の基礎的な単語からスタートすると良いでしょう。

③例文暗誦に取り組む

自信を持って使える型を増やすために、例文暗誦に取り組んでください。『総合英語Evergreen』（いいずな書店）の例文レベルの基礎的なものから始めて、その後は『ドラゴンイングリッシュ基本英文100』（講談社）に進むとよいでしょう。ただし、学習に使える時間には限りがあるので、自分の受験にとってどのくらい「和文英訳」の重要度が高いのかによって分量は調整してください。

英語学習において、早い段階から意識して取り組みたいのは以上の3点です。この3点を意識して学習を進めれば、英作文演習に取り組むための下地は完成です。

いざ「和文英訳」の演習に取りかかる際は、次の点に気をつけてください。
・日本語にはない「単数・複数」の概念や「冠詞（または限定詞）」を意識する
・自分が書いた英文をチェックする（特に、動詞の使い方〈SVの一致、時制、自動詞・他動詞のちがいなど〉や「訳し忘れ」に注意）
・書いた解答を添削してもらえる先生を見つける
・英語長文学習で出合う表現で英作文に使えそうなものは積極的に覚える

当然のことですが、日本人が外国語である英語を学ぶ際、英語をインプットする量に比べ、アウトプットする量が少なくなります。上述のようにアウトプットの量を増やし、日本語から英語に変換する回路を鍛えて、「和文英訳」に強くなってください。

数学

Q. 証明問題が苦手です。どうすれば良いですか？

A 問題文から取っかかりを見つけましょう。

「数学は得意だが、証明問題は苦手」という受験生がいます。

証明問題が苦手な受験生は、証明問題が出題される大学の受験を避けてしまうこともあります。証明問題はある程度 "型" が決まっていて、取っかかりを見つけられれば誰でもできるようになるのですから、もったいないことです。

証明の型には〇〇であることを示せ、といった「示せ問題」や、「背理法」、「数学的帰納法」などがあります。例えば、「n が（任意の）自然数のとき、〇〇を示せ」という証明問題を考えてみましょう。このとき、どのように示すと良いでしょうか？

このような問題では、多くの場合は「数学的帰納法」を用いるのが有効ですね。

どのような証明問題には、どのような証明法が有効なのか、必ずしもすべてこの通りとは限りませんが、いくつかの取っかかりの例を次にまとめました。

取っかかりの例

- ・「$f(x) \geqq g(x)$ を示せ」 ⇒ 「$y=f(x), y=g(x)$ のグラフ」
- ・「（関数と多項式の）不等式」 ⇒ 「微分による最大最小」
- ・「（複雑な仮定）ならば（簡単な結論）」 ⇒ 「対偶法」
- ・「n が（任意の）自然数のとき」 ⇒ 「数学的帰納法」
- ・「〜が（少なくとも 1 つ）存在する」 ⇒ 「背理法」、「対偶法」
- ・「数列の和（Σ）を含む不等式」 ⇒ 「積分と数列の不等式（面積）」

では、具体例を見てみましょう。

例題：「自然数 n に対して、$(n+2)^3$ が奇数ならば n も奇数であることを示せ。」

問題文を見ると結論よりも仮定のほうが複雑ですね。上記のまとめを見ると、「対偶法」が証明のとっかかりになりそうですので、対偶をとってみましょう。

対偶：「n が偶数ならば $(n+2)^3$ も偶数であることを示せ。」

これならどうでしょうか。きっとすぐに証明できることでしょう。

このように証明法をただ暗記するだけでなく、「なぜその流れになるのか？」「何が取っかかりになるのか？」を考えながら取り組むことが大切です。医学部の入試では複雑な証明問題が出ることもありますが、多くの場合、前の小問が誘導となっています。複雑な証明問題でも、上記の取っかかりさえ得られれば、一つひとつのステップは簡単に処理できるようになっているはずです。

また、答案が完成したら数学の講師から添削指導を受けると良いでしょう。プロの講師の添削指導を受けることで、自分のつまずきの原因を把握し、正解を導くための思考過程を学べます。

Step 5

面接・小論文対策で医師になる自覚を育てる

苦手でも大丈夫！

詳しくはこちら！

医学部の面接試験
高まる重要性と対策法

面接試験が厳しいってホント？

　大学入試改革に伴う新しい入試制度では、一般選抜でも「主体性を持って多様な人々と協働して学ぶ態度」を評価することが求められます。そのうえ最近の医学部入試では、**医師や医学研究者としての適性の評価にウエイトを置くようになっている**ため、**面接の結果はかなり重視されています。**点数化する大学と点数化しない大学がありますが、点数化しない多くの大学では合否判定の資料として重視しており、点数化する・しないにかかわらず、**募集要項などに「面接の評価が著しく低い場合は、学力検査の結果に関係なく不合格とする」と記載している大学も多くあります。**特に国公立大では、ほとんどの大学が募集要項に同様の記述や**「面接の評価が一定水準以上の者を合格とする」**などと、明記しています。

　次ページの表は2023年度入試における面接・適性試験を含めた国公立大医学部の個別学力試験（2次試験）の配点について、いくつかの大学をピックアップしたものです。一般選抜においても学科試験より面接試験の配点が高くなっている大学が増えています。例えば、筑波大学は2018年度入試までは面接試験は200点の配点でした。2019年度入試から適性検査も含めた人物評価が500点の配点となり、配点比率がかなり高くなりました。

STEP
5

2023年度 国公立大 前期試験配点

大学名	英語	数学	理科	面接・適性	満点
秋田大学	100点	100点	—	**200点**	400点
東北大学	250点	250点	250点	**200点**	950点
筑波大学	300点	300点	300点	**500点**	1400点
信州大学	150点	150点	150点	**150点**	600点
大分大学	100点	100点	200点	**150点**	550点

　また京都大学は、下の選抜要項に示したような内容を記載しています。京都大学はかつて、面接を50点満点で点数化していました。センター試験と個別試験を合わせて1,300点満点のうちの50点でしたから、面接の点数が低くても学科試験の点数が高ければ合格できる可能性がありました。しかし2016年度からは面接の点数化をやめ、面接の結果によっては学科試験の成績によらず不合格とするようになりました。

　面接では人の命を預かる医師としての適性、コミュニケーション能力などを幅広くチェックされ、患者さんから信頼される医師にはなれないと判断された受験生は、どんなに学科試験の結果が良くても合格することはできません。

京都大学 一般選抜 入学者選抜要項 （抜粋）

「面接」について

医学科：面接試験では、'医学部医学科が望む学生像'（【学部・学科の入学者受入れの方針（アドミッション・ポリシー)】参照）に記載されている医師・医学研究者としての適性・人間性などについて評価を行い、学科試験の成績と総合して合否を判定します。
従って、学科試験の成績の如何にかかわらず不合格となることがあります。
調査書は、志願者個人を特定するような情報及び属性に関する情報（氏名・性別・住所等）を除き、面接の参考資料にします。

　総合型選抜や学校推薦型選抜では、特に面接試験が重視されており、長い時間をかけて行う場合もあります。ある国立大の学校推薦型選抜では、数時間にわたるワークショップが課せられました。例えば「大学病院を改善する」というテーマでは、まず問題点をディスカッションさせ、付せんに書き出して整理し、発表し、どう改善するのかをまとめます。面接担当者は、この流れの中で受験生の医療に対する関心や、リーダーシップ、さらにコミュニケーション能力などを見ているわけです。

面接試験はさまざまな方式で受験生の適性をチェック

　医学部入試では、どこの大学を受けるにしても面接対策が欠かせません。全医学部の中で面接試験を最後まで導入していなかった九州大学も、2020年度から面接試験を始めました。

　面接の形式には、個人面接、集団面接、集団討論（グループディスカッション）、MMI（multiple mini interview）の4つの種類があり、個人面接と集団面接、集団討論とMMIというようにいくつかの形式を組み合わせて行う大学もあります。また、事前にアンケートや作文を書かせて、それに基づいて面接を行う大学も多くあります。

①個人面接

　医学部では最も多く見られる形式で、**面接官は2〜3人の場合がほとんどです。時間は15〜20分程度**ですが、なかには30分以上の場合もあります。また、面接を2回以上にわたって行い、受験生をじっくり観察するケースもあります。

②集団面接

　複数の受験生に対して質問を行う形式で、面接官は複数の場合がほとんどです。時間は比較的長く、20〜40分程度のケースが多いようです。一人ひとりを細かく見られないので、最近は減少傾向にありますが、群馬大学、富山大学、山梨大学、信州大学、徳島大学など一部の国立大学で行われています。

③集団討論（グループディスカッション）

　複数の受験生にテーマを与えてディベートやディスカッションをさせる形式です。ディベートは、受験生を賛成グループと反対グループに分け、テーマを与えて、なぜ賛成か、反対かを討論させます。近年多いディスカッションは、与えられたテーマについて、それぞれが意見を出し合い、最も良い結論を導き出します。特にディスカッションでは、コミュニケーション能力と協調性、積極性（リーダーシップ）、主体性などを中心にチェックされます。

　国公立大では、旭川医科大学、富山大学、岐阜大学、名古屋市立大学、三重大学、滋賀医科大学、和歌山県立医科大学、香川大学、宮崎大学、大分大学など、私立大では自治医科大学、日本医科大学、東邦大学、金沢医科大学、藤田医科大学、福岡大学など

面接試験の種類は4つ

①個人面接
②集団面接
③集団討論
④MMI（multiple mini interview）

で実施されています。

④ MMI（multiple mini interview）

　MMIでは**大学が準備したある場面設定が与えられ、それに対して自分がその状況をどのように捉え、どう対処するかを考えて、規定時間内にプレゼンすることが基本**です。国公立大では北海道大学、東北大学、福島県立医科大学、千葉大学、横浜市立大学、神戸大学などが、私立大でも東京慈恵会医科大学や東邦大学、藤田医科大学などが導入し、集団討論とともに最近増えている形式です。千葉大学では2021年度入試において、下のような設定のMMIが実施されました。

2021年度 千葉大学医学部 一般選抜 面接試験

■形式：MMI方式
■時間：約8分×3回
■面接官：1人×3回

面接会場の配置

面接官＝1名
受験生＝1名

2021年度　主な質問内容

□あなたが医師だとする。臓器提供を望んでいた青年が事故で脳死状態になったが、家族は青年の意思を知らず困惑している。臓器移植の担当医からは早く家族と話し合うよう言われている。あなたは家族とどう向き合うか。

□あなたが医師だとする。新型コロナウイルス感染症についてさまざまな意見が飛び交っている中、あなたの先輩医師は積極的に自らの見解をSNS上に上げており、その中には一般的な見解とは異なるものも含まれている。これを疑問に思った隣人が医師であるあなたにどちらを信用すべきか尋ねてきた。あなたはどう返答するか。

□あなたが医師だとする。90代の糖尿病の患者が、デイサービスの食事の量が少ないと言っている。この患者の状態は良好だが、目標の治療効果は得られていない。また、同居している長女は「食事制限をしないといけない」とこの患者に言っている。これについて、あなたが考える問題点と解決策を述べよ。

□あなたが、新型コロナウイルス感染症患者を受け入れる中核病院に勤務する医師だとする。最近、この病院を辞める医者が増え、残った医師に負担がかかってきている。そこに、実家の両親から介護が必要になったので、地元に帰って来てほしい、と言われた。これについて、あなたが考える問題点と解決策を述べよ。

□あなたが医学生だとする。知り合いのAさんは以前から万引きや詐欺などで、警察のお世話になってきた。そのうえ、お酒の飲み過ぎで、肝臓がんを患ってしまい、その治療には高額な薬が使われることになった。そこで、AさんはBさんに連帯保証人になるように頼んできた。Bさんはあなたに、「Aさんがこうなったのは自業自得で、こんな人に税金を使うべきではない」と言ってきた。医学生のあなたはどうBさんに声をかけるか。

□あなたが医学部6年生の医学生だとする。年に一度顔を合わせる叔父が、手の震えの症状があったということで総合病院を受診したところ、パーキンソン病と診断された。しかし、叔父は担当医がなんとなく信用できず、あなたに電話で「他の病院を受診するべきか」と聞いてきた。どう返答するか。

東京慈恵会医科大学のホームページには、「MMIでは、自分の考えを表現する能力、社会における自分の役割を考える能力、知識を基に状況を理解してどのような行動が適切かを判断する力、論理的思考力などについて評価するために、評価者と受験生が1対1で話し合う対話形式の面談で、一人あたり異なる6課題が課されます」と記されています。MMIの導入は面接官によるバイアス、有利・不利を解決するのも大きな理由の1つで、昨今の面接重視化の傾向を示すものです。

　個人面接でも集団面接でも、一般的には志望理由、志望動機、「なぜ医学部を目指すのか」、「なぜこの大学を選んだのか」などが聞かれると考えがちですが、近年はそれ以外のことで**医師としての適性を判断するような質問**がいろいろ試みられています。関心のある医療ニュースはどこの大学でもよく聞かれますが、曖昧な知識で答えるとさらに追及されることになりかねませんから、周到な準備が必要です。

　また、ある状況設定の中でその人がどういう行動を取るのかを見る質問はMMI以外でもあります。例えば、「もしあなたが内科の医師として被災地に行ったとして、現地では物資も足りないし、医師も足りない。そこへ外科的な処置が必要な患者さんが来たら、あなたは外科的な処置をしますか」という課題が与えられ、各自が意見を述べたり、グループで討論したりします。東邦大学では集団討論と4回の個人面接（MMI）を行っています。集団討論は与えられたテーマについて15分間で討論を行い、全員の考えをまとめて発表します。2022年度の集団討論では「「ユダヤ人の成功哲学『タルムード』の教え」から『太った牛と痩せた牛』の話を題材にグループで討論し、意見をまとめて発表する」などが出題されています。MMIは、3分間の面接が4回行われ、それぞれ1つのテーマについて質問されます。

2022年度 東邦大学 一般選抜 面接試験

形式	所要時間	面接の進行と質問内容
①個人面接 （MMI方式） ②集団討論	①3分×4回 ②15分	①個人面接（MMI方式） 机上に課題プリントがあり、1分間ほど読んで考える時間が与えられる。 □水道水と富士山の湧き水は、どちらが健康に良いか □政治における女性の社会進出のための制度（クオータ制度）に賛成か反対か □理想の医師像についてのプレゼンテーションをする際に、どのような準備をするか □家庭の経済事情で、アルバイトの時間が増えて、レポート提出に間に合わない友人が、あなたのレポートを見せてほしいと言ってきた。どうするか □シマウマの縞模様は、天敵からのカモフラージュのためか、虫よけのためか。その理由と実験方法 □医療に関するビッグデータの利用について賛成か反対か □表現の自由とプライバシーの保護のどちらを優先するか
面接会場の配置		②集団討論 （1グループにつき1つのテーマで討論）
（個人面接） 面接官＝2名 受験生＝1名 		□ある国の王様がある日、次のような不思議な夢を見た。「牧草を食べて幸せそうに暮らしていた8頭の太った牛がいた。そこに痩せた8頭の牛がやって来て、太った8頭の牛を全て食べてしまった」。王様が部下に夢の意味を尋ねると、部下は「この夢は、今の国の状態を表しています。……」と言った ①「……」について部下が何を言ったのか、1人ずつ発言。 ②これについて討論をして、意見をまとめて代表者が発表する
（集団討論） 面接官＝2名 受験生＝4名		

　従来の形式の面接では、受験生の多面的な能力や医師としての適性を評価するのが難しくなったので、さまざまな形式の面接が行われるようになりました。面接の回数を増やし、内容も変えることで、多面的な評価が可能になるのです。

面接試験では何を見ているの？

　医学部での面接試験は大学ごとに多様で、中には医学部とはまったく関係ないようなテーマについて考えさせたり、質問が飛んできたりすることがあります。しかし、こういった面接試験の受験レポート（実際に受験した生徒がどんな面接試験だったのかを報告したもの）をプロの面接の講師に見てもらうと、「医学部の

面接試験として適切なものですね」という回答がよく返ってきます。

受験生と面接の話をしていると、「こういう質問をされたらどう答えたら良いですか?」などと模範解答を尋ねられることもよくあります。しかし、模範的な解答を準備して答えたとしても、そこで面接は終わりません。自分が答えた内容についてさらに掘り下げた内容の質問が続きます。ですから、表面的な対策・準備だけでは今の面接試験は太刀打ちできません。面接試験の本質「面接試験で何を見ようとしているのか?」を十分理解していないと、正しい準備はできないでしょう。

では、面接試験では（小論文試験も含めてですが）何を見ているのでしょうか。

それは、**「医療現場に立つ『自覚』と『資質』」**です。

Step1でもお伝えした通り、医学部入試は医師・研究者としての就職試験の一面もあります。医学部に合格したら将来はほぼ医師、または研究者になるからです。ですから、医学部の受験会場に来ているということは、「将来、医療現場に立つ」という覚悟ができている状態になっているはずです。「患者さんがいる医療現場」のイメージをしっかり持っていなくてはいけません。

小論文・面接試験を行う理由は?

医学部入試 ≒ 医師・研究者になる就職試験

将来、医療現場に立つ **自覚** と **資質** を見るため

　また、医師や研究者を目指すための資質として何が必要なのか、については、各大学が公表している**アドミッション・ポリシー（入学許可の方針）に明記**されています。志望大学のアドミッション・ポリシーは手元に置き、いつでも見られるようにして、医師・研究者としての資質を常に意識してほしいと思います。

　2020年度から新たに面接試験を始めた九州大学のアドミッション・ポリシーにはこのように書いてあります。

「最も大切なことは弱い立場の患者さんの味方となり、病気に苦しんでいる患者さんを助けることです。単に受験学力が高いから医学部に入学するのではなく…（中略）…明確な目的意識を持った学生を望んでいます。…」と書かれている通り、皆さんが目指す医学部の向こうには「患者さん」がいる医療現場があるのです。ですから、医療現場のイメージをしっかり持つことが面接対策としても必要になります。

九州大学医学部医学科　アドミッション・ポリシー（抜粋）

求める学生像（求める能力、適性等）

　医師の仕事は、非常に幅広く、基礎の研究者から臨床医まで選択肢も多い中で、最も大切なことは弱い立場の患者さんの味方となり、病気に苦しんでいる患者さんを助けることです。単に受験学力が高いから医学部に入学するのではなく、医師としてあるいは医科学分野の研究者として活躍するに十分な能力と素質を持ち、明確な目的意識をもった学生を望んでいます。

　人間で最も大切なことは、「生きがいをもち、人間らしく生きること」です。命に直接関係するような病気をもっている患者さんは、ややもすると、この「生きがい」をなくし、生きる喜び、生きる目標を失っています。このような人達に優しい救いの手をさしのべることができる人間味あふれる学生を求めます。

患者さんは病気やケガなどで体の調子が良くなく、辛い状態です。そのうえ、医学・医療の知識がないのですから、自分の体の状態も、この先どうなるのかまったくわかりません。精神的にもとても不安になっています。なので、医学・医療のプロである医師に「相談したい」と思って、患者さんは医師のところに来ます。

　良い医療現場にするためには、患者さんと医師の間に「信頼関係」が必須です。患者さんは自分の健康、ひいては自分の命を医師に預けることになります。自分の命を信頼できない人に預けることは、誰しも怖いことです。ですから、**患者さんの健康と命を預かる医師は、患者さんとの間に信頼関係を構築できるようなコミュニケーションが必要になります。**

　では、患者さんに信頼されるコミュニケーションとはどんなものでしょうか。

　まず、

①患者さんの話をしっかり聞く

ことから始まるはずです。患者さんは医師に「相談したい」と思って訪ねてきています。ですから患者さんが不安に思っていること、知りたいと思っていることを医師はすべて受け止めることが大切です。そうすることによって、医師に対する信頼感が患者さんに芽生えます。

　さらに、

②患者さんにわかりやすく説明する

ことが大切です。患者さんが相談したいことを受け止めたうえで、医師は「医学・医療のプロ」として正しく診察・診断することは

　もちろん、診断結果や治療について、「医学・医療の素人」である患者さんの立場に立ってわかりやすく説明することが必要です。そうすると、患者さんは医師が自分のことをよく理解してくれていると感じ、より信頼感が増すことになります。

　医学部の先生方は、**医学部は理系+文系**であるというようなことをよく言います。医学は科学ですから医学的・科学的な理解力、理系的な力はもちろん必要です。しかし、患者さんという感情を持った「人」を診る仕事でもあります。ですから、**患者さんの気持ちに対する「想像力」「共感力」といった能力、文系的な部分がとても大切になります。**

　こういった、**「想像力」「共感力」**を見るのも面接試験の目的の1つになります。

医師と患者さんの信頼関係の
基本を確認しましょう！

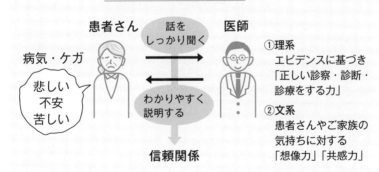

患者さん主体の医療

患者さん　話をしっかり聞く　医師

病気・ケガ

悲しい
不安
苦しい

わかりやすく説明する

信頼関係

①理系
エビデンスに基づき
「正しい診察・診断・
診療をする力」

②文系
患者さんやご家族の
気持ちに対する
「想像力」「共感力」

STEP
5

　医学部を目指す受験生の中には、医療現場の主人公が「医師」であると思っている人もいます。確かに医療を扱うドラマのほとんどは、医師が主人公になっているのでそう勘違いしてしまうの

も無理はありません。しかし、「いのち」「健康」は患者さん一人ひとりのものですから、患者さん一人ひとりが主人公であるはずです。**医療の主体は患者さんであるべきなのです。**

　面接試験の受け答えのカギとなる現代医療についての大事な考え方のポイントは、

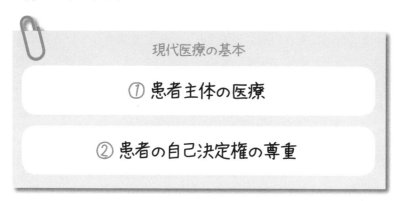

現代医療の基本

① 患者主体の医療

② 患者の自己決定権の尊重

ということになります。

　繰り返しになりますが、医療で扱う「健康」「いのち」は患者さんのものですから、**患者さんが医療の主体**であり、**患者さんには基本的人権としての自己決定権があり、医師はそれを尊重しなくてはならない立場なのです。**医学部を目指す受験生であれば、この基本的な考えは必ず持っていてほしいものです。

　また、現代では昔に比べ「いのち」を永らえるすべが発達してきました。しかし、それは同時に健康ではない状態で長く生きる人々を医師は診続けることにもなります。こういった患者さんと「医師―患者」の関係を長く続けることが、超高齢社会の日本では特に大きな意味を持ってくることになります。**「いのち」の終わり、「いのち」の質、「いのち」の優先順位など、医療現場では「いのち」について重い決断をすることも多くなります。**受験生である今から、重く、深く考える必要はありませんが、「将来、医療現場で命を預かる自覚」をしっかり持っておいてほしいと思います。

志望理由書の作成が面接・小論文対策のスタート

　個人面接では、**医学部や大学の志望理由、医師・研究者としての将来像や、医学・医療にどれくらい興味を持っているかなど、かなり掘り下げて聞かれる場合も多くなります。**前述の通り、よくある質問の模範解答を準備するだけでは表面的な薄いものになってしまいます。掘り下げて聞かれても大丈夫な状態にするために、志望理由書をしっかり準備することが大切です。

　多くの医学部が出願時に志望理由書の提出を義務づけています。提出するから、それだけを書くのではなく、自分の勉強に対するモチベーションのためにも、Step 1 でお伝えした通り、あらかじめ1,200～1,600字以上しっかり書いておくことをお勧めします。

　書き方についてはStep 1 を参照して下さい。

令和4年度（2022年度）　九州大学医学部医学科　志願理由書

STEP
5

【記入上の注意】
1．「なぜ本学科を志願するに至ったか」を、将来像も交えて、志願者本人が記入（自筆）してください。なお、他大学に在学したことがある者、社会人として経験を有する者は、それを踏まえた上で記入してください。
　（本様式 1 枚にまとめること）
2．記入は、黒のボールペンで楷書、横書きとします。
3．※印欄は、記入しないでください。
4．志願理由書の参考にするため、裏面の「経歴書」も必ず記入してください。

面接で力を発揮するために

　多くの受験生にとって、面接は不慣れなもので、どうしても緊張してしまい、何を答えたのか覚えていないという人も少なくありません。ですから面接で失敗しないための対策は必須です。

　具体的な面接対策としては、以下の4つが挙げられます。

医学部受験の面接対策

① アドミッション・ポリシーを読んで
　準備をしておく

② 医師・研究者としての
　将来像を明確にする

③ 医療・研究を通じて
　社会にどう貢献するかを考える

④ 現代医療の問題点と
　その改善策を考える（話し合う）

　面接の練習では、過去の面接でどのような内容が質問されたかを調べ、それにどう答えるかを考えておくことが重要です。

　例えば、先述の2021年度の千葉大学の面接試験（MMI方式・169ページ参照）では、「臓器提供を望んでいた青年が事故で脳死状態になったが、家族は青年の意思を知らず困惑している。臓器移植の担当医からは早く家族と話し合うように言われている。あ

なたは家族とどう向き合うか」という出題がありました。多くの大学が受験生に、「医師の立場でどう考えるか」を問いかけます。このような出題内容をまったく知らずに面接に臨んだ場合、うまく答えることは難しいでしょう。そのため、面接試験の対策においても、特に過去問が重要になります。しかし、残念ながら面接試験の情報は赤本にも載っていないため、実際に受験した先輩の体験から判明したものを利用するしかありません。医学部の面接ではどのようなことが聞かれるのか、可能な限り情報収集しておきましょう。メディカルラボでは、すべての医学部について受験生から多くのレポートを集めて「どんな質問をされたのか」というデータを集めています。毎年発刊している『全国医学部最新受験情報』（時事通信社）にも、前年度の面接の質問内容の一部を掲載しています。個別の質問に対する回答を考えたうえで、論理的に答える練習をしておきましょう。

①面接の基本行動

　メディカルラボの面接対策の授業では、まず「なぜ医師になりたいのか」、「いつ頃から医師になることを志したのか」という志望動機を講師がヒアリングします。そのうえで、医学部の面接では何が問われているのか、どんなことに注意しなければならないのかという基本的な対応を確認します。そして、志望大学の面接試験について、試験時間、過去の質問内容、面接官の人数などを確認し、受験生の考えや志望動機に基づいて、その大学の志望理由やその他の質問にどう返答するかを指導します。その後、講師が面接官になって模擬面接を実施。入退室の作法はもちろん、服装や視線、声の出し方や抑揚まで指導します。模擬面接での回答内容については、受験生一人ひとりの生い立ちや考えに沿って、個性的でベストな回答例を指導しています。

②事前に回答が準備できる質問への対応

　想定される質問に対しては、「どのように考えているか」を事前に整理しておく必要があります。ほとんどの大学で、医師を志望する理由を求められますから、必ず押さえておきましょう。「なぜ医師を目指すのか？」と志望理由について聞かれた場合は、単に「人の役に立ちたいから」と答えるのではなく、「このような理由から医師を目指し、将来はこういう医師になりたい」ということをきちんと伝えましょう。「なぜ本学を志望したのですか？」という質問に対しては、「他の大学ではダメだ。この大学でなければならない」と言える理由が必要です。地域枠で受験するのであれば、地域医療に関する意見をまとめておきます。これらについては、Step 1 で解説した志望理由書が役に立つはずです。

　自己PRを求める大学もあります。自己PRには、「私の性格は医療現場で生かせる」や「高校時代にやった部活動や生徒会活動は、こういう点で将来に活かすことができる」というように**「自分が身につけた医師に適した資質をPRする」**だけでなく、**「医師になりたい気持ちの強さをPRする」**という意識が大事です。受験生の社会的視野を測る目的で「最近のニュースで気になったことは？」という質問をする大学も多いので、医師を目指す者として、**医療に関するニュースは日頃から注目しておく**べきです。専門的な知識を問われているわけではありませんが、どんなに素晴らしい志望理由を述べても、医療問題に関心がなければ説得力が薄れてしまいます。医療関係のニュースにはできるだけ目を通し、話題となったニュースには自分なりの意見を述べられるように準備しておきましょう。

　また、**集団討論では「人の話を聞く力」が重要な評価ポイント**ですが、特にディスカッションでは、**コミュニケーション能力、**

主体性、協調性、論理的思考力、医療に関する関心や興味などがチェックされます。面接官は、チーム医療の現場で将来、あなたと一緒に仕事がしたいと思うか、という観点で評価していると考えれば良いでしょう。

なお、大学の中には「面接のときは私服で来てください」と、制服を禁止にしている大学があります。制服だと受験生の出身校がわかってしまい、学力レベルなどの先入観から人物を正確に判断できないというのが理由のようです。医学部では、医師や医学研究者になる適性や人物評価を重視していることの1つの表れでしょう。面接は短い時間で判断される場なので、**態度や振る舞い、声の大きさ、言葉遣いなどの第一印象も評価に大きく影響**します。

③事前に回答が準備できない質問への対応

例えば、「西日本に第二富士山を作るプロジェクトチームのリーダーとしてアイディアを出す課題」（2022年度・横浜市立大学）というように、一見医学部とは無関係に思われることを尋ねられる場合があります。

その場でどう答えて良いか迷う質問に直面しても、医師としての自覚や資質を見ているわけですから、出題意図（コミュニケーション能力を問うものなのか、相手の立場で考えることができているか、相手にわかりやすく伝える力があるのか、リーダーシップを問うものかなど）を瞬時に判断して答える練習を繰り返しておく必要があります。

また、これまでの出題傾向でグラフや資料を見て答えさせる設問が多いなら、グラフ・資料を読み取り、自分の考えを整理する練習を繰り返しておくことも大切です。

つまり、**その場で考えを整理してまとめる必要がある事前準備ができない質問ほど、練習が必要**だということです。

□「30秒間で窓の外を見て俳句を作りなさい」(2022年度　福井大学)

□「西日本に第二富士山を作るプロジェクトチームのリーダーとしてアイデアを出す課題」(2022年度　横浜市立大学)

□「興味のない話をし続けている人に対してあなたはどう打ち切るか」(2022年度　滋賀医科大学)

□「①丈夫なコップと普通のコップの残存率、②米国女性の生存率、の二つのグラフを見て考えを述べる」(2022年度　福島県立医科大学)

□「『こころ・からだ・あたま』の3単語を使い、医師へのモチベーションを語る」(2022年度　愛知医科大学)

□「藤田桃紅著『103歳になって分かったこと』の抜粋文を読んで思ったことを述べる」(2022年度　愛知医科大学)

□「西洋人の男性が体温計を見てほっとした顔をしている写真を見て思ったことを述べる」(2022年度　久留米大学)

□「本学はどうしたらより良い大学になるか」(2022年度　東海大学)

□「政治家や芸能人による『女は〜』とか『男は〜』のように『大きい主語』使った差別的発言が、問題になっている」という内容の文章を読んで質問に答える」(2022年度　東京医科大学)

□「絵画を見て①絵画の内容、②絵画の解釈を答える」(2022年度　東京慈恵会医科大学)

□「本学の学是『克己殉公』には批判もあるがどう思うか」(2022年度　日本医科大学)

□「『親ガチャ』についてどう考えるか」(2022年度　愛知医科大学・国際医療福祉大学)

□「アドミッションポリシーに関連して好きな本を3つ挙げ、面接官が読みたくなるように、おすすめの本の紹介をする」(2022年度　埼玉医科大学)

Q. 準備が難しい質問にどう対応すればいい？

A. 出題意図を瞬時に判断して答える練習が必要です。

④模擬面接のポイント
→いろいろな面接官で練習（面接練習）する

　準備の仕上げに、過去問を使って模擬面接を行います。学校の先生は、受験生が答えるまで待ってくれることもありますが、実

際の面接では時間が限られています。そのため、受験生が答えて
いる途中でもどんどん次の質問をぶつけてきたり、論旨の矛盾を
突いてきたりと、いわゆる"圧迫面接"を行う面接官も多くいます。
なので、少し厳しいスタイルの面接の経験を積んでおくと、本番
でも失敗しにくいでしょう。緊張感を持って面接に臨むためにも、
同じ先生（面接官）とばかりではなく、いろいろな面接官の模擬
面接を受けることをお勧めします。メディカルラボでは、面接の
プロの講師がさまざまなタイプの面接対策を分析・指導している
ので、面接の評価が気になる方はぜひ活用してください。

1.「入学・将来」に関する質問

- ☐ 医師・医学研究者を志した理由・きっかけ
- ☐ 本学の志望理由
- ☐ 理想の医師像・研究者像（それになるためには）
- ☐ 将来は何科の医師になりたいか
- ☐ アドミッション・ポリシーについて
- ☐ 医師に必要なもの・資質
- ☐ 大学で何をしたいか（勉強と勉強以外）
- ☐ 大学卒業後に経験したいことは
- ☐ 留学することについてどう考えているか
- ☐ 将来は地域医療に携わりたいか
- ☐ 将来はどのように社会に貢献したいか
- ☐ あなたは本学にどのように貢献するのか

2.「自己」に関する質問

- ☐ 自己PR
- ☐ 自己について（性格、長所・短所、特技、趣味など）
- ☐ 出身地や出身高校について
- ☐ 中学時代や高校時代に最も印象に残っていること
- ☐ 尊敬する人物（それはなぜか）
- ☐ ボランティア活動の有無
- ☐ 座右の銘は
- ☐ 部活動について
- ☐ 得意・不得意（好き・嫌い）な科目について
- ☐ リーダーシップを発揮した経験について
- ☐ 日常生活で心がけていることは
- ☐ あなたに影響を与えた本は

3.「医療」に関する質問

- ☐ 最近、気になる医療ニュースは
- ☐ 今年のノーベル医学・生理学賞について
- ☐ 近年の医療の問題点について（理由・解決法）
- ☐ 地域医療について
- ☐ 少子高齢化について
- ☐ 終末期医療について
- ☐ 再生医療の可能性と課題点
- ☐ AIが医療に与える影響
- ☐ 医師の働き方改革について
- ☐ 混合診療について
- ☐ 臓器移植について
- ☐ 遺伝子診断の可能性と課題点

4.「事前準備がしにくい」質問

- ☐ 写真や絵を見て物語をつくる（タイトルをつける）
- ☐ あなたを色（花・季節・文房具など）に例えると何か
- ☐ 老人は○○な存在である、の○○にあてはまるのは
- ☐ 6歳のがん患者に「あなたがうらやましい」と言われたら
- ☐ 高齢者にインターネットを説明するとしたら
- ☐「一番大切なものは目に見えない」について賛同するか
- ☐ あと一日で地球が終わるとしたら何をするか
- ☐「犠牲」「奉仕」「忠誠」の中で一番嫌いな言葉と理由
- ☐ 人間の心の奥は○○である、の○○とは
- ☐ これまでの人生で1つだけやり直せるとしたら
- ☐ 破っても良いルールと理由
- ☐「優しさ」とは何かを定義せよ

1.「入学・将来」に関する質問と、3.「医療」に関する質問は、しっかり事前準備する受験生が多い。

2.「自己」に関する質問は、準備が不十分な受験生が多く差がつきやすい。

4.「事前準備がしにくい」質問は、練習の量と質で差がつきやすい。

② 医学部の小論文試験
医師としての適性も問われる

さまざまな出題形式がある小論文

　医学部の小論文は文系学部の小論文と同様に、受験生のものごとに対する考え方やテーマに関する知識を問う大学が多いようですが、他学部との違いは、医師としての適性を見るという役割も持ち合わせている点です。出題形式は大きく分けて以下の4つです。

　しかし、選抜要項に小論文試験と記載されていても、実質、学

小論文の出題形式

①「課題文型」
課題文を読んでその内容を要約し、自分の考えを述べる

②「図表・グラフ読み取り型」
グラフやデータを基にそこから読み取れる内容を判断し、
自分の考えを述べる

③「テーマ型」
「○○についてあなたの意見を述べなさい」などのように
テーマだけを与えられる

④「特殊型」
小論文とは言えないような特殊なタイプの問題が与えられる

STEP
5

科試験になっている場合や、学科試験ほどの分量でなくても英語・数学・理科等の科目の知識やその応用力を見る出題がなされる場合もあります。その場合は学科試験の対策として取り組んでください。ここでは、純粋な小論文試験の対策についてお伝えします。

①「課題文型」小論文

与えられた課題文を読んで設問に論述するものです。この形式の場合は、まず**課題文のテーマをしっかり読み取ることが大切**です。課題文の読み取りを間違えると、大幅に失点することになります。課題文の読み取りに不安を感じている人は、課題文を要約する練習から始めましょう。要約をする際は200〜300字の字数制限を設けてください。小論文の場合、200〜300字で1段落のまとまりとして文章を書くことが多いため、これくらいの字数の文

2022年度「課題文型」小論文 出題例（一部抜粋）

大学	出題内容	字数／時間
佐賀大学 （推薦）	"Empathy Can Lead to Short-sighted and Unfair Moral Bias" by Paul Bloom York Times〔online〕Dce.29,2016より一部を改編を読んで、①空所補充、②日本語訳、③筆者の意見に対しどのような反論が考えられるか、また、そのことを踏まえて自分の考えを述べる。	①5題 ②2題 ③800字 90分
北里大学 （一般）	「トリアージと応召義務」についての課題文を読み、①文章の題名、②傍線部の説明、本文を踏まえて、covid-19とトリアージについて述べる。	①20字 ②80字 ③800字 90分
聖マリアンナ医科大学 （一般）	「科学的医学」以前の頃について書かれた文章を読み、①傍線部の説明、②傍線部の説明、③医師と患者の諸問題とその可能性について考えを述べる。	①40字 ②100字 ③400字 60分
関西医科大学 （一般）	河合隼雄著『日本人という病』の抜粋文を読み、「個のつながり」と「場のつながり」のどちらを大切にしたいかを述べる。	500字 45分

メディカルラボの生徒からの情報を基に作成。

章をすぐに書けるようにすることも重要です。また、自分が書いた要約は必ず小論文や国語の先生に添削指導を受けてください。取り上げられる課題文は、評論、小説、新聞の社説、エッセイなどさまざまで、課題文が英文ということも少なくありません。2022年度入試の例で見ると、滋賀医科大学（推薦）では「大竹文雄・平井啓編著『医療現場の行動経済学　すれ違う医師と患者』を読み、『患者の意思決定支援に行動経済学的にアプローチを用いるのは倫理的にどうか』について、自分の考えを論じる」などが出題されました。

　また、課題文が英文の場合は、『Science』、『The New England Journal of Medicine』、『The Lancet』などといった科学雑誌や医学雑誌からの抜粋が多く見られます。

②「図表・グラフ読み取り型」小論文

　図表やグラフから読み取れることを基に自分の意見を述べるものです。2022年度入試の例で見ると、東北医科薬科大学は「『都道府県別の脳血管疾患での救急搬送の平均時間と死亡率のグラフ』を見て、地域差の理由と解決策を述べる」という出題でした。

　この形式の場合も、課題文型と同じく、まずしっかり図表やグラフを読み取ることが必要です。その際には、**なぜこの図表・グラフを用いたのかという出題者の意図を意識してください。**そのうえで、図表やグラフが示している状況になっている背景や原因とその対応策などについて、仮説を立てていく必要があります。与えられる資料としては、厚生労働省の白書、国立研究所の統計データなどもよく取り上げられます。

③「テーマ型」小論文

「『再生医療の課題と展望について』自分の考えを述べよ」のように、**1～数行のテーマだけが与えられている形式**です。2022

年度入試の例で見ると、富山大学（推薦）では、「医師の健康確保のための『働き方改革』が進められ、『時間外労働時間・連続勤務時間の制限』、『勤務間インターバル』が義務付けられる中で、今後の地域医療がどのように変化すると考えられるか。また、そうした中で医師としてどのように取り組んでいきたいかを述べる」という内容でした。この出題例からもわかるように、①②に比べ、よりしっかりとした対策が必要になります。簡潔なテーマが与えられるだけの出題なので、**与えられたテーマに対する知識がなければ「何も書けない……」となってしまいます。**したがって、出題されそうなテーマについて見聞を深めたうえで、自分でそのテーマに対する課題提起と、その改善案を書けるようにする必要があります。

2022年度「テーマ型」小論文 出題例（一部抜粋）

大学	出題内容	字数／制限時間
横浜市立大学（一般前期）	我が国では高齢医師が多く活躍している。一方、海外では高齢医師が認知症のために不適切な治療を行い、患者を致命的な結果に至らせた事例が報告されている。この点を踏まえて、医師のキャリアについてあなたの考えを述べる。	1000字60分
国際医療福祉大学（一般）	AI（人工知能）が医学や医療分野に与える影響や課題にはどのようなものがあるか述べる。	600字60分
昭和大学（Ⅰ期）	新型コロナウイルスの感染懸念から、オンライン診療が実施されるようになったが、そのメリット・デメリットと、医師に必要とされる知識を述べる。	600字60分
日本医科大学（一般）	豪雨によって土砂崩れの可能性がある病院で、院長の判断で入院患者を全員避難させた。土砂崩れは起こらなかったが、避難が原因で数名の患者が亡くなった。これについての自分の考えを述べる。	600字60分
近畿大学（一般前期）	本学の教育目標である「人に愛される人、信頼される人、尊敬される人」の育成について、学生の立場から何を学べばこのような医師になれるかを述べる。	400字40分

メディカルラボの生徒からの情報を基に作成。

④「特殊型」小論文

　近年は、①の課題文型が主流となっていますが、他にもさまざまな出題形式がみられ、なかには小論文とは言えないような特殊なタイプの出題もあります。「手紙を書きなさい」、「物語を書きなさい」といったような、相手の立場に立って考えるコミュニケーション能力を探るような小論文や、写真や絵画を見せて、そこから感じ取れることを自由に書かせるものもあります。

　2022年度入試での例を挙げると、順天堂大学は「約２億5000万年後に形成されると予想されている新大陸『パンゲア・プロキシマ』の地図（出典：ナショナルジオグラフィック）を見て、この大陸にはどのような世界が広がっているかを述べる」という出題でした。東海大学は、「ルネ・マグリット作『テーブルにつく男』の絵を見て、何を感じ、何を考えたかを述べる」といった内容でした。小論文や面接ではさまざまな課題・質問が出されますが、どちらも解答する際に絶対にぶれてはいけないのは、**「自分は将来、医療の現場に立つ」という前提で自分の考えをまとめること**です。医学部を受験するということは、基本的にはほぼ全員が医師か研究者になるわけで、その自覚と資質を見分ける試験が小論文や面接なのです。どんな問題にも医療に携わる立場で考え、自分の意見を出せるように準備しておくことが大切です。

　また、教科・科目の学力を測る学科試験とも言えるような小論文もあり、数学や化学、生物、物理などの知識がないと読み解けないような課題が与えられる小論文もあります。国公立大の後期日程などは、課題が英文で与えられるものも多く、小論文と言いながらさまざまな学力をチェックしているわけです。

　このように小論文にはいろいろな出題形式があるので、実際どういった小論文が出題されるのか、**志望大学の過去問を研究して**

STEP
5

おく必要があります。小論文の解答用紙も、縦書き、横書きなどの形式があり、また、誤字・脱字での減点や指定字数の最低80%以上は原稿用紙を埋める必要があるなど、基準もそれぞれ異なるので、事前に調べておきましょう。

マンツーマンで添削指導を受けるのが理想的

文章を書くことが苦手な受験生や、小論文はハードルが高いと考える受験生は多いのですが、小論文は書く形式が決まっているので、感想文やエッセイを書くのとは違って、練習さえすれば確実に書けるようになります。

医学部入試では、出願時に志望理由書を提出させる大学が多く、最近多くなったネット出願でも志望理由を入力させる大学があります。ですから、まず**医師を志望する理由と受験する大学の志望理由を書くことからスタートするのが、小論文の練習としては取り組みやすい**と言えます。書き方についてはStep1を参照してください。

医学部の小論文には、いろいろなテーマの出題がありますが、医師や医学研究者としての適性を見るテーマが少なくありません。こうした小論文に対しては、**「自分は将来、医師になる、医療の現場に立つ」という大前提**を外して書いてはいけません。「医師を目指す立場で、あるいは医療の現場に立つ者として、このテーマに対してどう考えるのか」ということを書けば良いのですが、この論点から外れてしまうと、評価が低くなってしまいます。したがって、**小論文の練習を始める前に、将来、自分は医師になるのだという決意を文章にしてみると良い**でしょう。なぜ医師になりたいと思ったのか、将来どういう医師になりたいのかを書くことは、志望理由書を書く作業にもつながります。

　小論文の書き方がわからない人は、予備校で小論文の授業を受けるか、小論文対策の参考書を読んで勉強します。

　自学自習では文章の構成や表現方法などを勉強するのが難しいので、できれば先生に添削指導だけでなく、直接アドバイスを受けられるようにしておきましょう。予備校の集団授業でも添削指導は受けられますが、授業では多くの生徒が書いたものの中からいくつかピックアップした添削例を解説するだけです。自分の書いた小論文に対してどう改善したら良いのか直接アドバイスしてもらうチャンスはなかなかありません。したがって、マンツーマンの添削指導が理想的です。

　メディカルラボの小論文の授業では「医師になる」という前提条件で指導しますので、講師と生徒との間での想定問答や、講師が生徒に質問するような形で進行します。その結果、小論文の授業は「医師になる自覚を育てる」という内容になり、学科の勉強にも良い影響を与えることが多いものです。何となく医学部に行くという意識で勉強を「させられている」受け身の生徒も、明確な目的意識ができるため、勉強の質が変わってきます。

　小論文では**語彙力が必要**になります。語彙力をつけるために、場合によっては医療用語集や時事用語集なども必要です。最近はAI（artificial intelligence＝人工知能）がテーマになることも多いので、ニュースなどで話題になっている用語はある程度調べておきましょう。

　また、小論文では、**医師として必要なコミュニケーション能力や考え方も問われます。**面接は実際に対面で話すことにより、コミュニケーション能力や人柄、性格などを評価する試験ですが、小論文は文字で書かれた内容でしか、大学は評価してくれません。その中で、自分の考え方を表現する能力が問われる試験です。ですから、自分の言いたいことを一貫した論理で表現できる力を鍛えておく必要があります。

STEP
5

小論文は600〜800字／60〜80分程度で書かせる出題が多いのですが、600〜800字で書くということは3〜4つの段落分けをすることになります。「段落分け＝論述構成」になるので、その構成をどう組み立てるかがポイントになります。ここで、小論文の初心者のための基本的な論述構成と、その書き方のポイントについて触れておきます。

【小論文の初歩的な論述構成の例】
●課題文型小論文600字の場合

1段落目……　現状の課題点

　出題された課題文の主旨を要約し、そこから問題提起する。（200字）

2段落目……　課題についての背景・原因

　課題点の背景・原因についての考えをまとめる。（200字）

3段落目……　課題点の改善策

　背景・原因を踏まえ、改善策の提案をする。（200字）

添削のポイント

設定した論述構成通りに書けているか、
構成通りになっていないところを修正する。

　課題文型小論文の場合は、まず要約の練習から始めましょう。文章を読んで、それを短くまとめるのが要約です。例えば1,000字以上の文章を200字程度に要約できれば、文章の主旨が論理的にはっきりします。それを基に自分の意見をまとめますが、このとき、自分がどういう立場で考えているのか、立ち位置に注意します。医学部の小論文では「将来、医療現場に立つ自覚と資質」を見ようとしています。医療現場に携わる者としての視点を常に意識することが大切です。こうして書き上げた小論文は、課題文

の意図をきちんと読み取れているか、解答に必要な視点は抜けていないかなどを確認するためにも、必ず先生の添削指導を受け、フィードバックしてもらうことが大切です。

　小論文の勉強は早めにスタートさせて、夏までには終え、秋からは学科試験対策にシフトするのが良いでしょう。しかし、話題性のあるテーマが出題されることも多いため、秋以降も新聞やニュースをこまめにチェックしておくことも必要です。

メディカルラボ 小論文対策授業の流れ（例）

① 医系小論文の基本的な考え方や書き方について講義を行ったあと、「なぜ医師になりたいのか」という基本的なテーマについて小論文を作成

② 講師が丁寧に添削し、受験生の文章表現力を把握。文章構成の方法や自分の考えをどう表現するかなどを実践指導

③ 志望大学で実際に出題された過去問や類題を、本番と同じ試験時間で書いてもらう

④ 講師が丁寧に添削し、改善すべき内容や書き方を指導

⑤ 違うテーマで、これを何回か繰り返し、確実な力をつける

※文章を書くことに対する苦手意識が強い生徒や、課題文の読解に不安がある生徒は、色々な課題文の要約とその添削から始めます。

次は、実際の小論文の出題事例を2例、具体的に見ていきます。

ーナリズムにもなりかねない。

　患者主体の医療という本来患者のものである権利を医師はどう尊重すべきか。数日前まで自分は健康で元気であると思っていた患者が定期検査によってがんが発見されたら、酷く混乱するだろう。自分の思い描いていた人生が突然暗転し、自らの権利を行使できる精神状態にはない。医師は、がんという疾患を取り除くために共に闘うのだと、患者をがんと闘う主体に導くことが自身の役割であると思いがちである。しかし、これは医師が考える「医療」という価値観の正しさを患者に押しつけることに他ならない。患者の人生にとって、がんと闘うことは必要なことだろうか?この患者が80歳代の高齢者であった場合はどうであろう。がんを手術で切除することが「正しい」ことか?と、一度立ち止まって考える必要があるだろう。患者の人生は患者のものである。たとえ「医療」的に正しいと判断される行為であっても、そこに独善的に介入することは許されない。患者は一人ひとり多様である。手術をすべきかどうか悩み、苦しみの中で人生を生きている患者やその家族に対し、「医療」的な正しさを押しつけるのではなく、まずは寄り添う姿勢を示すことが、患者の権利を尊重するためには大切ではないか。医師に必要なことは「医療」的な正しさが常に絶対だと思い込むのではなく、患者が自らの⑥生（Life）を実現する権利を、尊重する義務を全うすることである。

194

実物拝見 [合格した受験生の小論文]

　大学側は、小論文を通して「医師としての自覚と資質」の有無を見ています。では、具体的にどのような出題でそれらを見ているのか、合格を手にした受験生の解答を再現し、解答ポイントを解説します。

問題　CASE 1

医師と患者の関係性の中で、特に患者の自己決定権の尊重についての考えを問うもの

杏林大学
「権利と義務」について、800字程度で論じてください。（800字程度、60分／2022年度・一般選抜・2／2実施）

　医療において①権利と義務は、患者が自ら主体的に医療を決定する権利を有して、医師がそれを尊重する義務を負っていると考えられる。しかし、それは容易なことではない。②インフォームド・コンセントによって全てが可能なわけでもない。医師は③患者の知る権利を保障するために医療情報を提供して、患者がそれに承認を与えることは、確かに患者主体の医療の実現には必要なプロセスである。しかし、そもそも医師と患者は医療知識において④非対称な関係にある。それ故に、医師は患者に対して優しく教え諭すことになりがちであり、そうなった時に知識面で弱者である患者は医師の意見に疑問を持つことが難しい。そのようなインフォームド・コンセントは、新たな⑤パタ

解答ポイント

●「権利と義務」というキーワードから、患者の主体的に医療を決定する権利（自己決定権）と医師のそれを尊重する義務など、医療現場で重要視されている患者と医師の関係性について論ずる必要がある。

　テーマ型の難しい点は、課題文や図表のように手がかりとなる
材料がないことにあります。帝京大学のようにキーワードが提示
されていれば、それを繋げることで論述の方向性が得られますが、
杏林大学のようにただテーマしか示されていない場合はそうもい
きません。ただし、どのような出題であっても、テーマの言葉の
意味を正確に理解し、出題者の意図を推測する、さらにはその言
葉から想定される具体的な場面性をイメージする、この3点セッ
トが、テーマ型を考える上では鍵となります。

「権利と義務」というテーマを考えるにあたって、まずは、近代
以降の市民社会において市民が持つ権利＝基本的人権は条件付き
のものではなく、何ものにも妨げられないものであり、義務を果
たさないと得られない性質のものではないという前提を確認して
おく必要があります。

　その上で、医師になろうとする者が書くべきことは何でしょう
か。医学部の小論文では、しばしば医師として患者とどのように
関わるのか（＝医師と患者との関係性）が問われますが、出題者
もそれを意図しているはずです。課題文型の小論文が課題文の筆
者との対話なら、テーマ型では出題者との対話を心がけてくださ
い。

　解答例では、基本的人権に基づく患者の権利をどのように保障
し、その行使をどのようにサポートしていくかが医師に課せられ
た義務であるという方向性で考えています。

　医療は科学に基づいており、より多くその知識を持っている医
師と、そうではない患者との関係は元々対等ではありません。そ
のため、医師が科学的な知である医学によって患者を支配し、そ
の権威に抵抗しがたいより弱い立場にある患者の自己決定権を侵
害しかねません。また、科学的な知は、患者を多数の類型として

分析する性質を持っているので、一人ひとり異なる多様な患者を
しっかりと見（診）られなくなる危険性も持っています。医師は
そのような医学の危うさを常に意識しながら、患者の生き方、生
活、人生（Life）を対話によって理解し、患者のあるべき「Life」
の実現によってその権利を保障しサポートする義務を果たします。
そうすることで、パターナリズムに陥る危険性を持つ両者の関係
に、新たな可能性を作り得るという方向で論述するとよいでしょ
う。

　他の論述の方向性としては、パターナリズム的な要素を持つ関
係、例えば、親と子、教師と生徒、上司と部下など、弱い立場の
権利をどのように保障するかなどが考えられ、そのような内容で
書くこともできるでしょう。

などを含む抜本的な制度改革も必要だろう。

そこで短期的には、現状の医療の最適化と医療がカバーする範囲の拡大によって、「治療後の生活支援の充実化」を図っていくべきであると考える。

高齢患者が可能な限り肉体的にも精神的にも充実した生活を送るために、高齢患者とその家族の意思を最大限に尊重して「生命の質」を重視した、個別的な医療を提供していくことが不可欠だ。そして「医療は病院の中だけにとどまらない」という精神のもとで、移動などが制約されつつある高齢者に対して、複数の医療機関が連携してきめ細やかな医療を提供することが重要であると考える。

慢性疾患などの日常的な医療や往診はかかりつけ医が担当する。患者の症状によっては近隣の他の専門医で連携して対応することも効果的だ。万が一病状が悪化した場合には救急病院が対応し、退院前の回復期やリハビリテーションなどはそれらの専門的な医療機関が対応する。地域における医療機関同士の連携に加えて、日常生活の支援や介護の領域、行政の領域が連携を強化することで、治療後も患者のニーズにマッチした医療提供・生活支援を行うことが求められる。

以上が、私の提案する、我が国の超高齢社会における医療のあり方である。

《参考》国の総人口に占める高齢者（65歳以上）人口の割合を「高齢化率」といい、高齢化率7％超を「高齢化社

●「高齢者」「医療」という２つのワードを見た段階で、「地域包括ケアシステム」という言葉が思い浮かんだであろうか。これが今回の小論文のキーワードである。今後、要介護状態になる高齢者や認知症の高齢者が増えることが容易に予想される。そのため高齢者が慣れ親しんだ地域でできる限り自立した生活を送ることができるように、行政サービス・医療・介護・生活支援などを包括的に提供するシステム作りが急がれる。またその中で医師が積極的に役割を果たしていくことが求められている。

CASE 2

「超高齢化社会」というキーワードから、急速な高齢化と人口減少の問題点を問うもの

問題

久留米大学

我が国の超高齢化社会の医療のあり方について。
（800字以内、60分／2021年度・学校推薦型選抜・一般A日程・地域枠・福岡県特別枠）

私は、我が国の超高齢社会における医療のあり方を、長期的には「予防医療の推進による医療需要の抑制」、短期的には「治療後の生活支援の充実化」を目指すことを提案する。

「予防医療の推進による医療需要の抑制」を目指すことは医療における長期的かつ究極的な目標である。そもそも病気や怪我に苦しめられることなく医療機関のお世話にならないことは最も幸せなことである。また健康寿命が伸長し介護の必要もなくなれば、医療費だけでなく介護費用も抑制できる。さらに総人口減少に伴って減少する医療従事者の過剰な負担の軽減にも資するであろう。

ただし実現に向けては長期的な視点と時間、そして予防医療分野への保険適用

会」、14％超を「高齢社会」、21％超を「超高齢社会」という。
（国連「人口の高齢化とその経済的・社会的意味」1956年）

解答ポイント

●テーマ型小論文では、「何を書くべきか」を決定することがスタートであり、最も大切である。今回の問題では、「超高齢化社会」というキーワードから、急速な高齢化と人口減少の問題点などを踏まえて、解答の方向性や内容を決定する必要がある。

●そもそも人間が怪我や病気にならなければ医療費は増加せず、身体機能が維持されれば介護の必要はない。よって予防医療を推進し、健康増進と身体機能の維持・向上によって、医療費・介護費の抑制だけでなく、医療需要の抑制も可能となる。

　この問題は、久留米大学の入学試験問題ですが、久留米大学は毎年のように医療系テーマを出題しています。そのため久留米大学を受験しようと考えている受験生は、過去問をリサーチし出題傾向を把握したうえで、頻出の医療テーマや昨今話題となっている医療問題について正確に知識をストックしておくことが求められます。

　とりわけ日本全体の問題としても、医療界における問題としても、避けることができない最大の問題の1つが、急速な高齢化と人口減少です。総務省統計局の資料によると、日本は2007年に超高齢社会に突入しており、2022年時点では、高齢者が総人口に占める割合は29.1％となっています。また人口減少の傾向も加速しており、生産年齢人口に限っては、2030年には6773万人、2060年には4418万人と急速な減少が予想されており、医療分野を含めた全業種において労働力不足に陥ると見込まれています。このような認識を踏まえると、医療においても需要の抑制を軸に対策を考えていく必要があると言わざるを得ません。

　また医学の発達および医療の充実化が、人間の幸福に結びつくものでなければ、その存在意義は急速に失われると考えられます。今回のテーマ「超高齢社会における医療のあり方」を考える過程では、まるで医療サービスの向上が超高齢社会を生み出し、それがすべての問題の元凶のように思えてくることも少なくありません。医療が最後まで患者の幸福の実現に資するというのであれば、医療の結果生じた問題は、医療における新しい提案で解決し、患者の次の幸福につなげるという親身な姿勢を示す必要があります。そこで、QOLの尊重、病気や怪我の予防、きめ細やかなケアと

いった医療の根幹に立ち返ることも大切です。また進行を続ける超高齢社会への処方箋として「地域包括ケアシステム」の構築・充実化の推進と、その中で医師が果たしうる役割の積極的な再定義も求められるでしょう。高齢患者に限定した治療マニュアルの作成も急がれます。例えば、高齢のがん患者に特化した治療マニュアルはなく、一般の成人がん患者と同様の治療が施されることが一般的であるため、高齢患者への負担が大きく、医原的に体調悪化を招くこともあると言います。さらには、看取りの確固たる制度構築や、尊厳死・安楽死の議論の推進も喫緊の課題です。

　時代が進むにつれて、社会的な課題の変化とともに、医療の役割も広範にわたり、とりわけ超高齢社会における医療のあり方は、まだまだ模索の最中です。しかし、たとえ持病や障害があっても高齢者が自分らしく最後まで人生を歩むことができるように、医療が積極的な役割を果たしていくことがより一層求められます。そういった積極的な医師としての姿勢をアピールしつつ、実現可能性が期待できる提案をすることが、今回の問題では高評価につながると考えられます。

STEP
5

ところで、今回の出題とは異なりますが、病態という病気の在り方が、社会の発展状況によって異なってくるという視点も課題文では出題されます。その際の基準は2つあり、1つは感染症が多いのか慢性疾患が多いのか、もう1つは平均寿命です。平均寿命の違いは医療格差によって生じます。医療が進歩していて社会に行き渡っていると、平均寿命が長くなります。先進国の平均寿命は80歳を超えていますが、それに対して、アフリカ大陸の平均寿命は50歳前後です。この寿命の格差は医療の格差ゆえに生じています。こうした地球規模の国際的な視野も小論文を書くときに役立つことがあります。

　医学部では、日本国内において医療格差が生じることは良くないと考えているだけでなく、世界的な規模においても医療格差は好ましくないと考えています。格差があれば是正すべきという立場はどの医学部でも共通しているので押さえておきましょう。

　さらに歴史的な視点に立つと、日本も1960年頃までは高齢化率は6％ほどで、高齢社会ではなかったのです。社会の進歩、医療の発展、食生活の向上に伴って、平均寿命が延びてきたのです。そうしたことも踏まえつつ、地球規模で生じている医療格差にも敏感に反応すれば、さらに評価が高くなります。

何を書いて良いかわからなくなったら

　広い視野で考えてみることです。そして、自分の思い込みに捉われないことです。医学部受験生にとっての重要なキーワードを思い出しましょう。

　例えば「医療現場での患者との関わり方」をテーマに書こうと考えた場合、下記のようなキーワードからイメージを広げていくと、書く内容を明確にすることができるでしょう。

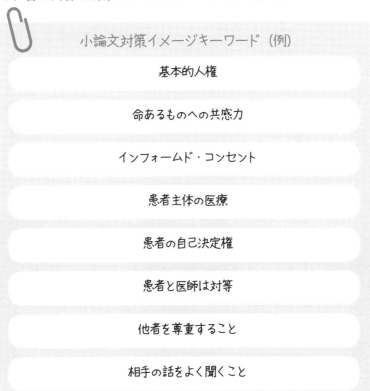

小論文対策イメージキーワード（例）

基本的人権

命あるものへの共感力

インフォームド・コンセント

患者主体の医療

患者の自己決定権

患者と医師は対等

他者を尊重すること

相手の話をよく聞くこと

STEP
5

　このように、医学部の小論文でよく扱われるテーマについては、イメージキーワードを整理しておくと良いでしょう。

まとめ

　医学部の小論文で問われているのは、医師としての自覚と資質です。その基本になるのは以下の現代医療の基本となる2つの考え方です。

現代医療の基本

① 患者主体の医療

② 患者の自己決定権の尊重

　①患者主体の医療とは医療の主人公は患者さんであるということです。**②患者の自己決定権の尊重**とは「患者さんの人権を尊重」することです。これらは医療現場だけでなく、社会生活においても必要な感覚です。**「他者の権利」を尊重することができる人権感覚が求められている**のです。医学部ですから、さらに、患者さんの権利、患者さんの人権という発想ができることが必要です。基本的人権という言葉も忘れないようにしておきましょう。自己決定権については、子供や認知症のお年寄り、あるいは宗教など特別な考えを持っている人など、さまざまな場合があるので、できれば高校生にもわかる生命倫理の本を一冊読んで、考えてほしいと思います。

　さらに動物や植物など「命あるもの」への共感力も求められています。医学部では、学科試験の点数が同じならば、「命あるもの」への想像力と共感力のある受験生に入学してほしいのです。

　「命あるもの」への想像力と共感力を持った受験生が医師になったとき、患者さんを尊重できる医師になると医学部では考えて

いるのです。合格する小論文にはそうした人権感覚と共感力が示されています。

小論文の表記上の基本ルールを
押さえましょう！

- 段落分けをすること（1段落の字数の目安は200字程度）

- 長い一文を書いて文意不明にならないこと（80字以上の一文を書かないこと）

- 主語と述語が対応している文章を書くこと

- 誤字も減点対象なので注意すること

- 文体は「である体（常体）」で統一すること

- 段落分けの論述では、行頭のマス目に　、　。　」を書くのはNG。行末のマス目に1マスに2文字入れる形で「 る。」などと処理すること

- 指定された文字数に対して、80%以上は原稿用紙を埋めること

STEP
5

自己決定権とは

　患者さんが自己決定するためには、医師の説明が必要です。医師が患者さんの病状と治療法についての情報を説明し（＝インフォームドする）、その情報に基づいて患者さんが自己決定します。その自己決定権が尊重されなければなりません。そのために患者さんが納得できるわかりやすい言葉で、医師が病状と治療法について情報を説明しなければなりません。**患者さんの自己決定権を尊重するということは、患者さんが納得できる言葉で説明することが重要**な前提条件になるのです。

インフォームド・コンセントのバージョンアップ

　インフォームド・コンセントはこれまで「説明を受けたうえでの同意」や「説明と同意」と訳されてきました。患者さんが自己決定するために医師が情報を説明する＝インフォームドするということです。インフォームドを受けたうえで患者さんは自己決定＝同意するということになります。しかし、インフォームド・コンセントの質をもっと向上させて、バージョンアップしていく必要があると言われています。「説明と同意」という訳から「話し合いと合意」という訳へのバージョンアップです。患者さんと医師が「話し合い」「合意」する。**単なる「説明」ではなく「話し合い」、単なる「同意」ではなく、お互いに「合意」して医療が行われることの重要性が、意識されるようになってきています。**

Step 6

戦略的に受験大学の対策をする

合否を分ける過去問対策

詳しくはこちら！

入試(テスト)に強くなるための対策をとろう

「学力⇒入試(テスト)の点数」この反映率を高めよう

　戦略的に受験大学の対策をするということは、言い換えれば**「身につけてきた学力を入試(テスト)の点数にうまく反映させる」**⇒**「反映率を戦略的に高める」**ということになります。

　この、反映率を高めることが医学部合格をつかみ取るのには欠かせないことになります。

　私は長年、受験生の指導に携わってきたのですが、受験生の中には「テストに強い受験生」と「テストに弱い受験生」がいます。授業中に問題を解かせたり、問題集の学習状況を見る限りではしっかりとした学力はついているはずなのに、なぜか「テスト」になるといつも実力が発揮できず点数が取れない受験生もいれば、逆に学力は十分ではないが「テスト」に強く、そこそこの点数を取ってくる受験生もいます。

　例えば、A君はある問題集について90%解ける学力があるのに、その問題集のテストでは50点しか取れなかったとします。学力の点数への反映率は55%で、A君はテストに弱い受験生と言えます。

　Bさんは同じ問題集について70%しか解けないのですが、テストでは60点を取ったとすると反映率は85%とA君より高く、テストに強い受験生であると言えます。

結果として学力は低くても反映率が高いBさんだけが合格することも起こり得ます。**反映率を上げることは、合格をつかむために重要な要素**となってきます。

反映率が合否を分けます！					
	学力		テストの点数		反映率
A君	90%	⇒	50点	=	55%
Bさん	70%	⇒	60点	=	85% 合格

　では反映率を上げるためにどういうことを意識する必要があるのでしょうか。もともと反映率が高い受験生と低い受験生を比較すると、反映率が高い受験生には共通した特徴がいくつか見られます。そのうち大事な3つを挙げます。

「反映率」を上げるための基本

① 常に「時間を計りながら」
　勉強（問題演習）している

②「補助知識（実際に問題を解く場面での、
　　基礎知識の使い方）」を
　　身につける努力をしている

③「ミスを記録」して、
　　繰り返さない努力をしている

　このうち①の常に「時間」を意識した勉強をしているかどうか
は、「テスト」に強くなるために特に重要です。**「テスト」は制限
時間の中でどれだけ多くの点数を積み重ねるかの勝負**です。模試
のときはもちろん、入試本番は特に時間の経過を意識しながら問
題を解くことになります。「残り20分で15問、解かないといけない」
といった「時間のプレッシャー」がのしかかってくると、いつも
だったら解けるはずの問題も解けなくなってしまうのです。普段
から問題を解くスピードを意識し、**「時間のプレッシャー」をか
けながら勉強するようにしましょう。**

　また、「時間を計りながら」勉強することで、集中のスイッチ
も入りやすくなりますし、「この問題を解くのにはこれくらい時
間がかかりそうだ」という時間感覚が身についてくると、テスト
での時間配分もうまくできるようになります。高校生になったら
常に時間を計りながら勉強に取り組んでほしいと思います。

　また、②の「補助知識」についてはStep 4で再確認してくださ
い。③の「ミスを記録」して、ミスをなくす工夫はこのStep 6の
最後に出てくるので参照してください。

　この3つを意識した勉強に加え、さらに入試本番での反映率を
上げるためには過去問を活用した勉強が欠かせません。

2 受験大学の対策に過去問を うまく活用しよう

医学部受験は「過去問」に始まり、 「過去問」に終わる

　過去問を活用する目的の１つは、受験勉強で目指すゴールを明確にすることです。例えば、予備校の東大クラスだったら集団授業だとしても全員が東京大学を目指しているので、東京大学の入試問題に合わせたカリキュラム・教材になるのですが、国公立大医学部クラスや私立大医学部クラスの場合は、いろいろな大学を目指す生徒が１つの教室に混在しており、大学によって入試問題が違うので、自分の志望大学の入試問題に合わせたカリキュラム教材になっていないという側面があります。ですから、集団授業を受けているだけでは志望大学の対策になっていないため、自分自身で目指す大学に合わせて対策を考えるという時間を取らなければなりません。メディカルラボのようにマンツーマン授業であれば、自分の志望大学の出題傾向に的を絞ったカリキュラム教材で対策できるのですが、そういった環境にいなければ自分で能動的な対策をする必要があります。

　そのためにも、**自分が目指す大学の入試問題は、どういった形式で、どの程度の難度の問題が出題されるのか、また、試験時間に対する問題の分量や、どの分野が頻出なのかなどをあらかじめ知っておかなければなりません。**できれば、**受験勉強を始めるとき（基礎固めができた時点で）、実際の問題（過去問）を１年分**

だけでも制限時間を計りながら解いてみると良いでしょう。

　医学部入試は「先輩との戦い」にもなります。実際、ほとんどの大学の医学部では**一般選抜での合格者は浪人生のほうが多い**というのが現実です。

　現役生と浪人生の違いは、受験を経験しているか、いないかということです。浪人生は受験を経験し、実際の試験時間の中で入試問題を解いていますから、次の入試までにこの問題を6割解けるようにしよう、いや、7割解けるようにしようと、かなり具体的なイメージを維持しながら浪人中の1年間を頑張れます。これに対して**現役生は、大学受験の経験がないので入試の具体的なイメージがありません。ですから基礎が固まったらできるだけ早く志望大学の過去問を解いてみて、ゴールとなる入試問題の具体的なイメージをつかみ、その問題で合格点を取るための準備を進めていかなければいけない**ことを肝に銘じる必要があるのです。

　私は、**医学部受験は「過去問」に始まり、「過去問」に終わる**といつも言っています。医学部受験を意識し始めたら、**早めに過去問の出題傾向を確認し、それに合わせて効率良く学力を伸ばし、入試が近づいてきたら過去問演習を志望大学の対策にうまく活用する**ということです。

　過去問は、さまざまな問題集に載っていますが、最も使いやすいのは大学・学部別の入試過去問題集『大学入試シリーズ』（教学社）、通称「赤本」です。これを利用する受験生は多いのですが、赤本を買うときの注意点は発売の時期です。まず東京大学、京都大学、名古屋大学などのいわゆる旧帝大が出て、次に旧帝大以外の国公立大、有名私立大が出て……といった具合で、発売が10月〜11月になる大学も相当あります。新しいものを買おうとして高3の秋まで待ってから手に入れても受験本番にはとても間に合わ

STEP
6

ないので、**全大学の過去問が出揃っている高2生の秋までに入手**することをお勧めします。

　もちろん、過去問対策を始める前に、基礎的な学力をつけておく必要があります。高校の勉強もまだ消化しきれていない受験生は、実際に入試問題を見ても、レベルや難度もわからないと思うので、高1生・高2生のうちに、しっかりと基礎固めをしておく必要があります。そして、**高3生の春休みに過去問を解き、その結果を踏まえて、入試本番までの1年間の学習計画を立てる**のが理想です。

　高3生や高卒生は学校や予備校での学習に加えて、自分が目指す大学の入試問題に合わせた問題集に取り組むことになります。例えば、京都府立医科大学のように英語の長文読解問題で問題文が非常に長い大学であれば、入試に間に合うように長文の問題集に取り組んでおく必要があります。愛知医科大学のように整序作文や空所補充など、いろいろな形式の問題が出題される大学であれば、それに合わせた問題集で演習します。数学にしても、基本的な問題しか出題されない大学、難解な証明問題が含まれる大学などいろいろなパターンがあるので、受験する大学に合わせた問題集を使って演習するなどの対策が必要です。

　こうした対策と並行して、過去問を模試のような形で解いてみることで、合格点とのギャップを確認します。例えば、現在の得点率が40％で、合格ラインに到達する目標点が65％以上だとします。目標点とのギャップは25％です。ここで目標点が取れない原因（課題点）をチェックします。原因として①スピード力、②答案作成力、③苦手な単元、④苦手な出題形式、⑤ミスの多さ、などが考えられます。また**解答順序、時間配分**を工夫することでも得点力が大きく伸ばせる場合も多いです。これについては次項を参照してください。222ページの「過去問演習チェックリスト」

を活用すると、効率良く確認できます。

　原因（課題点）を確認したら、それを解決するための学習計画を立てます。ここからはStep 2 で紹介した「PDCAサイクル」（71ページ参照）です。計画を立て（Plan）、実行し（Do）、次の過去問演習で計画を評価し（Check）、改善する（Action）ことで確実に合格に近づくための学習ができるはずです。これを11月までに 2 ～ 3 回繰り返しておきたいところです。

過去問対策のポイントをまとめます！

■過去問演習

　　↳　課題分析…合格点を取るために何をするのか

現在の得点率　→　入試当日の得点率
　40%　　　　　　　65%以上

やるべきこと

①合格点とのギャップを埋める対策
　（具体的には、スピード力・答案作成力・苦手な単元・苦手な出題形式・ミスをなくすなど、何をどのレベルまで仕上げるか）
②解答順序・時間配分を考える

学習計画を立てる
PDCAサイクル

過去問で時間配分のシミュレーションをする

　満点を取ることが目標ではありませんから、**問題を解く順番、時間配分、「この問題は捨ててこの問題は確実に取る」といった戦略も重要**です。問題を解く順番を１つ変えるだけで、得点率は上がります。例えば、数学で大問４題が出題された場合、第１問から第４問までざっと目を通して、自分の得意な単元の問題から解く、あるいは最も易しそうな問題から解くというのが大原則です。そして、最初に手をつけた問題が完答できれば、それが自信となり、他の問題も心にゆとりを持った状態で解けるので、得点が一気に上がります。

　実際の入試では、第１問が難問というケースもあります。戦略もなく最初から順番に解いていくと、第１問で多くの時間を使っても解き切れず、完答できなかったということもよく起こります。しかも、次の問題が易しいにもかかわらず、焦ってしまって思うように得点できなかったら目もあてられません。入試本番の精神状態はかなり不安定になりがちなので、常日頃から、**問題を解く順番や、時間配分、「この問題は捨てて、この問題は確実に取る」というようなシミュレーション**をしておくと良いでしょう。

　222ページの「過去問演習チェックリスト」では、解答順序や時間配分、捨て問の見極めもチェックできるようになっています。こちらもぜひ活用してください。

　直前期にも過去問を解きますが、最も効率の悪いパターンは、「直前期に過去問にしか手を出さない」ということです。さらに、その使い方も過去問を解き、答え合わせをして、間違えた問題を理解するためだけに時間を費やすだけでは対策にはなりません。過去に出た問題をできるようにすることはもちろん大切ですが、

「過去に出た問題とまったく同じ問題は実際には出ない」という意識を持って、目標点とのギャップをどう埋めるかを考えてください。ギャップを埋めるには、今まで取り組んできた参考書や問題集を復習するのがベストです。直前期に新しい問題集に手を出すのは好ましくありません。使っている参考書や問題集は、自分の目指す大学の入試問題に合わせて選んでいるはずなので、**過去問にプラスして、今まで使ってきた教材を解き直すことが大切**です。

過去問への取り組み方

① 「赤本」の問題を拡大コピーする

理由 入試本番に近い状態で実践的に問題演習ができます。また、問題全体が見渡せるようになります。

② 制限時間を実際より10%程度短くする

理由 解答にケアレスミスがないか、解答用紙の記入ミスがないかなどをチェックする時間が作れます。

③ 問題ごとの制限時間を決める

理由 出題された全問題を完答するために、「この問題はここで打ち切り」「ここまで考えたら次の問題に行く」というように割り切ることに慣れておきます。

④ 解答欄を意識する

理由 本番では解答欄に合わせた解答のまとめ方が必要です。例えば、数学の場合、広い解答スペースだと良いのですが、狭い場合はコンパクトに解答をまとめなければなりません。

STEP
6

上記のようなことは本番では急にできません。
過去問を解くときは常に本番を意識して
習慣づけておくことが大切です。

合計点で合格最低点を突破するための戦略を立てる

　入試が近くなってくると、時間が限られてくるので、**「合計点を伸ばす」**という考えを頭に入れてください。この時期に志望大学の過去問を解いて、その年度の合格最低点と対比してみます。例えば、下表のA君の例で考えてみましょう。11月に2022年度の過去問を解いてみたときに、その大学の合格最低得点率が56.2％、過去問の得点率が45％でしたから、最低でも15％の得点力アップが必要になります。もちろん、これでは合格最低点ぎりぎりなので、合格最低点＋10％くらいの得点率になるような作戦を考えます。

　入試までの残りの2〜3カ月間で、今の学力状況からどうしたら目標点を取れるようにできるのかの対策を立てるのですが、その際、総合計点で考えることが重要です。

合計点で合計最低点を突破するには？

例：愛知医科大学　医学部
2022年度 合格最低点：281点（得点率56.2％）

A君

	英語 (150)	数学 (150)	化学 (100)	生物 (100)	計	
A君	50	90	45	40	45%	対策開始時の得点
	70	120	70	70	66%	受験日までの目標点

　A君の場合、「数学は合格ラインを超えていて、理科も半分近く取れるようになってきたので、あとは英語の得点力アップが必要だ」と考えがちです。英語は知識問題など「伸びしろ」があるので、これに賭けるのも1つの手ですが、英語の得点を短期間で伸ばすのは簡単なことではありません。これに対して、**化学や生物のほうが身につけるべき内容が少なく、さらに頻出分野や出題傾向がはっきりしているので、こちらの得点を伸ばすほうが容易**です。また、数学は比較的得意なので、数学にも力を入れておけば、苦手な英語が大きく伸ばせなくても、総合計点で目標点に達することになります。苦手科目の得点率が30％でも、他の科目でカバーして合格できた例はたくさんあります。220〜221ページを参考にしてください。

　具体的な対策としては、まず合計点の合格最低点＋10％くらいで目標点を設定します。次に科目ごとに設定するのですが、まず**得点の伸びが大きそうな科目の目標点を高めに設定して、残りの部分を各科目に配分**して、その目標点のギャップを埋めるために、残り3カ月でどのように対策するかを考えてください。満点を取る必要はなく、約60％で合格可能な大学も多いわけですから、仮に40％落としても大丈夫と考えてください。時間が限られている中で弱点を補うための学習計画ですので、**すべての問題を完璧にしようと思わないこと**です。

　223ページの「過去問演習管理シート」は、全科目の過去問演習終了後に記入して、合計点で合格点を突破するための科目間の学習バランスを考える際に活用してください。

STEP
6

過去問を使って合格点を突破する作戦を考えましょう！

過去問対策と一口にいっても、受験生個人によって得意科目、不得意科目、レベル（習熟度）、さらに得意な単元等も異なります。当然、受験生一人ひとりで対策方法も異なってきます。

ここでは福岡大学の数学を例に挙げ、2人の受験生のタイプ別に対策法を解説します。

 数学が得意で
英語が苦手なB君

B君

 英語・化学・生物が得意で
数学が苦手なCさん

Cさん

STEP1	自分の学力に合わせて、科目ごとに目標点を設定しよう

2022年度 福岡大学の合格最低点：246点（得点率61.5%）

数学が得意なB君	数学が苦手なCさん
得意な数学で苦手な英語をカバーしよう	数学の失点は最小限に留め、 他科目でカバーしよう
 B君 **数学目標点** **80点（得点率80%）**	 Cさん **数学目標点** **50点（得点率50%）**

STEP2	目標点をクリアするための方法と具体的な正答数を考えよう

福岡大学の
数学は？

目標点を達成するために、
何をするべきか考えよう

数学が得意なB君	数学が苦手なCさん
分量が多く、問題による難易差が大きいので、**時間のかかる難度の高い問題は素早く見切りをつけて次へ進めること**。 時間配分や出題傾向に慣れるため、**過去問演習は5年分行う**。	一般的に苦手意識が多い出題分野であるが、普段の典型的な問題演習通りに解けば正答できる問題が多いことを意識させるため、**過去問演習は2年分行い**、その他の時間は**標準レベルの問題集でベースアップを図る**。
トータル**2ミス以内** を目指す B君	トータル**5ミス以内** を目指す Cさん

STEP3	方針が決まったら過去問を使い、解答順序、時間配分を決めよう

目標点を達成するために、時間配分を決めよう。
過去問演習は合格するために戦略的な計画を立てて取り組むことが大切。

数学が得意なB君	数学が苦手なCさん
①1つの空所補充にかける時間は**約3分**程度とする。 ②解けない問題でも**5分**はかけない。 ③一通り解き切ったあとで、**積分計算の確認、難問の多い確率、数列の見直し**に時間を使う。 B君	①まずは、開始3分で一通り問題をすべて読み、すぐに解法が思いつく問題があるか確認し、あれば大問1からではなく、その解法が思いつく順に解いていく。解法が思いつかない問題は1つの空所補充にかける時間は**約5分程度**とする。 ②同じ小問内で難度が急に上がることもあるので、小問の完答にはこだわらず、**全問題で確実に解ける問題を解き切る**。 Cさん

STEP
6

私立医学部を6大学ほど受験すると仮定します。
1大学平均4科目と考えると、のべ24科目の対策を
する必要があります。全24科目について、
上記のような戦略を立てるためには時間がかかり、
大切な勉強時間が減るおそれもあります。
しかし、医学部合格を目指すうえで、
計画的な過去問対策を行うことは、
通常の勉強と同じくらい重要です。
しっかりと時間をかけて計画を立てていきましょう。

過去問演習チェックリスト

大学名		科目	配点	試験時間
	大学			

目標点	実際の正答率

目標解答時間	実際の解答時間

出題難易度
易　やや易　標準　やや難　難

試験時間に対する問題量
少ない　やや少ない　普通　やや多い　多い

到達度自己評価			
問題を解くスピード	◎ ○ △ ×	▶	その対策法
特に対策すべき分野		▶	その対策法
特に対策すべき出題形式		▶	その対策法
その他の対策すべき内容		▶	その対策法

時間配分	
◎　○　△　×	気をつけるべきこと

解答順序	
◎　○　△　×	気をつけるべきこと

捨て問の見極め	
◎　○　△　×	気をつけるべきこと

※科目ごとに自己分析するためのシートです。

「過去問演習チェックリスト」は右のQRコードから
ダウンロード可能です。ぜひ活用してみてください。
https://www.medical-labo.com/download/38283/

過去問演習管理シート

※ 太枠部分は実施前に記入すること。

大学名
大学

年度	回数	総合				担任確認
		正答率	配点	目標点	合格最低点	
年度	回目					

科目	実施日	試験時間	設問形式	配点	目標点	正答率
英語		分	マーク ・ 記述 ・ 複合			
数学		分	マーク ・ 記述 ・ 複合			
理科（　）		分	マーク ・ 記述 ・ 複合			
理科（　）		分	マーク ・ 記述 ・ 複合			
その他		分	マーク ・ 記述 ・ 複合			
その他		分	マーク ・ 記述 ・ 複合			

到達度自己評価
◎　○　△　×

			理科	理科
次回の科目ごとの目標点	英語	数学	（　）	（　）
特に対策すべき科目①		▶	その対策法	
特に対策すべき科目②		▶	その対策法	
その他の対策すべき内容		▶	その対策法	

			理科	理科
次回実施予定日	英語	数学	（　）	（　）

※合計点で合格点を突破する戦略を立てるためのシートです。

「過去問演習管理シート」は右のQRコードからダウンロード可能です。ぜひ活用してみてください。
https://www.medical-labo.com/download/38286/

STEP
6

③ ケアレスミスをなくすための対策をしよう

得点に大きな影響を与えるケアレスミス

　過去問を解き、受験対策をしながら同時に、ミスをなくす準備をすることも大事です。**入試本番での得点にケアレスミスは非常に大きな影響を与える**のですが、成績の上がらない人ほど、ミスを甘く考えているように見受けられます。

　数学でも、ケアレスミスの多い受験生は、模試のたびに10点から15点、場合によっては20点から30点もミスで落としています。数学でも理科でも、点数が10点上がれば、偏差値は7もしくは8も上がることもありますし、15点から20点上がれば、合格レベルに達することもあります。レベルの高い医学部入試では、ほんの数点の失点が大きく影響してくるので、ミスをなくすように努力することは重要です。

　例えば計算ミスが多い人であれば、計算練習をするたびにミスをチェックする習慣をつけてください。制限時間が気になり焦ってくると、どうしても途中の計算を省略して頭の中だけで考えがちですが、そうすると絶対にミスが出ます。ですから、**書きながら問題を速く解く練習をしておくことが、ミスをなくすうえでは大切**なのです。書かずに頭だけで考えるほうが速いと考えがちですが、計算経過をきちんと書きながら練習することでミスを防いだ方が得点力が上がります。人によってミスしやすい箇所は異なるので、**自分がミスしやすいパターンを確認**します。メディカル

ラボではオリジナルの「ケアレスミスノート」（226ページ参照）を一人ひとりの生徒に配付し、記録させています。授業を行っている中で、講師が見つけた生徒のミス、例えば、「どういうところでミスをした」とか、「ここで問題の読み違いをした」などを記録しています。そうすることでその生徒のミスの傾向が見えてきますから、符号を間違えやすい生徒には「このときには必ず符号にアンダーラインをつけてミスをしないようにしなさい」、問題文を読み違えることが多い生徒には「問題文の中の必要な条件にアンダーラインを引いて、ちゃんと読むようにしましょう」などとアドバイスできます。自分でチェックする場合でも、ミスしやすいポイントをしっかり自覚することが必要です。

また、ミスした部分の履歴を見直せるように、**過去にミスした答案のコピーを取っておきます。**何度も解き直して、ミスしたところを再確認し、同じところをミスしないようにしてください。

ケアレスミスをなくすことがいかに大事かを肝に銘じるために、**模試や定期テストのときは、ミスで何点失点したかを記録する**と良いでしょう。ミスによる失点を「見える化」するのです。これによって、「ミスがなければこの試験は15点得点できていた」、「ここをミスしなければ偏差値は10上がっていた」などと気づくことができるので、ミスをなくす意義や悔しさが実感できるはずです。

入試の本番や、ある程度力がついてきたときに、一番怖いのは問題の読み間違いです。出題者の意図や、与えられた条件を、正しく読み取れない受験生がたくさんいます。問題を解く流れというのは、出題者の意図を読み取り、どこがゴールかを見つけ出し、そのゴールに向かってどのように解いていくか、どの解法とどの解法を組み合わせていくのかを考えて、それを考えながら正確に処理していくという作業になります。出題意図を読み間違えると軌道修正が大変です。ある程度力がついてくると、問題を見たときに「これはあのやり方だな」とわかったつもりになりがちです

が、実は最後まで問題文を読むと、別の条件が出ていて、そこに気づかないまま題意とは異なる方向に行ってしまうことがあります。「よしわかった」と思って安心せずに、**問題文は最後まで読んで、与えられた条件を正確にチェックしてから解答に取りかかる姿勢を常に心がけましょう。読み取りミスは力がついてくると起こりやすい**とうことを、意識してください。

入試本番では、**どんなに注意していてもミスは絶対に発生すると思ったほうが良いのです。過去問を解くときは、可能ならば試験時間の10％程度は見直しの時間を取りましょう。**例えば、試験の10分前ごろに大問１題が残っていた場合、頑張れば解けると思うかもしれませんが、10分考えても解けない可能性がけっこうあります。解答の見直しをして、ミスを見つけ出し、取れるところで確実に点を取ったほうが得策です。

ケアレスミスノート

科目		日付	テスト・教材名		
点数（　　　　）＋ミス点数（　　　　　）＝本来の点数（　　　　）					
ミス内容		原因		対策	
科目		日付	テスト・教材名		
点数（　　　　）＋ミス点数（　　　　　）＝本来の点数（　　　　）					
ミス内容		原因		対策	

※メディカルラボで配布しているものを一部編集しています。

「ケアレスミスノート」は右のQRコードからダウンロード可能です。ぜひ活用してみてください。
https://www.medical-labo.com/download/38279/

Step 7

入試本番で実力を発揮する

入試本番は緊張を味方に

詳しくはこちら！

本番の試験を シミュレーションしよう

1

適度な緊張が合格には必要

　入試当日は誰でも緊張します。特に現役生は緊張の度合いが強いようで、緊張してはいけないと思うと、なおさら緊張するようです。しかし、適度な緊張は必要です。

　自律神経には、交感神経と副交感神経があり、交感神経は活動しているとき、副交感神経はリラックスしているときに優位になりますから、副交感神経をきちんとはたらかせることができれば、緊張しない方法として活用できます。一方、交感神経が優位になると、アドレナリンやノルアドレナリンが分泌されて興奮状態になるので、思った以上の力を発揮できるかもしれません。集中力や判断力も高まります。ですから、入試に臨むときは、**適度な緊張を保ちながらもリラックスしている状態**がベストと言えます。

　こうした理由から適度な緊張は良いことですが、過度な緊張は強い不安感につながり、入試では良い結果につながりませんから、できれば避けたいものです。過度に緊張しないためには、**「どうせ緊張するのだから、緊張を楽しもう」**と考えましょう。**「緊張しているほうが、むしろ良い結果が出るはずだ」**、**「緊張しているときは集中力が増すはずだ」**といった具合に、**緊張を前向きに捉えるぐらいが良い**でしょう。

　自信を持って入試に臨むためには、自宅での環境も重要です。受験生は入試が近づくと神経が過敏になりがちで、保護者の言動

STEP

7

が非常に強く影響するものです。**保護者が心配して「今日はできたの?」と聞いてきたとしても、「大丈夫だよ」と、さらっと受け流すことも必要です。**たとえ手応えがあまり良くなくても、「なんとかできたよ」と言えば安心しますから、あなたの気持ちも落ち着くはずです。

緊張や不安が高まっている中で 平常心を取り戻すために

どうしても、入試当日に緊張しすぎてしまうのではないかと不安に思っている方には、自分に合った深呼吸法を身につけておくことをお勧めします。過度に緊張しているときは、交感神経が優位になっているため、呼吸が浅く早くなっています。ですから、ゆっくりと深い呼吸を繰り返すことで、心の状態を整えることができるのです。

緊張を和らげるための意識的な深呼吸は、入試当日にいきなりやろうと思ってもうまくいきません。入試の一カ月前から、自分に合った深呼吸の方法を試してみてください。そうして、毎日、学校に行く前にメンタルを整えたり、問題演習に取り組む前に心を落ち着けたりする練習をしましょう。

気持ちを落ち着かせる深呼吸法の例として、息を長く吐くことを意識することが良いようです。

《息を長く吐くことを意識した深呼吸法》

① 口から息を細く長く吐いていく（頭の中で「1, 2, 3, 4, 5, 6, …」とカウントしながらゆっくり吐く）

② 10 ～ 15秒くらいで息を吐き切る

③ 息を吐き切ったら、鼻からゆっくり息を吸い込む

④ ①～③を3回繰り返す

深呼吸法のほかに、体の緊張をほぐす方法も練習しておくと良いでしょう。

《体の緊張をほぐす方法》

① 「つま先」に意識を向け、「つま先」を感じて少し動かし、「つま先」の力を抜いてつま先の重さを感じる

② 「足首」「ひざ」「太もも」の順に①と同様にして力を抜いて緩める

③ 「お腹の筋肉」「胸の筋肉」の順に同様にして力を抜いて緩める

④ 「肩」「首」「顎」の順に同様にして力を抜いて緩める

⑤ 最後に「体全体の全ての筋肉」の力を抜いて緩める

平常心を取り戻す方法が毎日の習慣になっていれば、入試当日も「いつも通り、大丈夫！」と思えるはずです。

試験会場に入ると、自分以外はみんな頭が良さそうに見えるものですが、そんなことを気にする必要はまったくありません。また、相手を蹴落として自分が有利になろうと、さまざまなプレッシャーをかけてくる受験生もいますが、これも無視してください。医学部の試験会場には多浪生も多く、中には「俺は余裕があるんだぞ！」と、これ見よがしな態度を取る受験生や、他の人を不安にさせるような言動をする受験生もいるようですが、プレッシャ

STEP
7

一をかけてくる人は、実は本人がプレッシャーを強く感じている
わけですから、相手にする必要はありません。

　試験場の雰囲気に飲まれないためには、早めに会場に行き、控え室や試験室内に居場所を見つけるなど、自分が安心できる空間を先につくることです。落ち着いて参考書などを広げていれば、あとから来た人にプレッシャーをかけられることもなく、精神的に安定していられます。
　試験場に早く入るためにも、事前に下見をしておきましょう。受験シーズンになると、あちこちの大学で入試を行っていますから、「最寄り駅が同じだったため、他の大学に行く受験生の列について行って、試験場を間違えた」というような場合もあります。試験場を間違えないまでも、不慣れな都市では交通手段や移動時間が不案内で、集合時間に遅れそうになったり、間に合わなくなったりすることもあります。こんなことになっては焦りも出て、とても平常心で試験に臨むことなどできません。必ず下見をして早めに試験場に入ることを心がけましょう。

集中しにくい環境でも勉強できるようにしよう

　入試本番は、試験会場の外からの雑音が意外と多いですし、受験生の咳払いや鉛筆の音も気になるものです。大勢の受験生に囲まれた中での緊迫した雰囲気ですから、集中しにくい環境です。その中でまわりを気にせず自分のペースを保たなければならないので、どんな環境でも実力を発揮できるように、たまには多少ざわめきのある場所や、集中しにくい環境で勉強してみてください。
　また、試験会場で多くの受験生が困るのは、待ち時間がかなり長いことです。科目と科目の間の休憩時間が長い大学もあるので、

あらかじめ**試験時間割を確認**しておき、**実際にその時間割に合わせて勉強する**のも良いでしょう。入試が近くなったら、志望大学の試験本番と同じ時間割で勉強してみるのも、**体内時計に時間感覚を意識させる**という意味では有効です。

試験前日までの過ごし方

　試験日の1カ月ぐらい前になったら夜型から朝型に変え、早寝早起きの習慣を身につけます。体内時計は1週間から2週間あれば調整できますが、やはり心がまえがありますから、1カ月ぐらい前から入試本番に合わせた生活リズムに変えていきましょう。朝型の生活リズムに変えることで、朝から集中しやすくなり、午前中の勉強がはかどりやすくなります。前日にはしっかりと睡眠を取るようにしたいものですが、試験が気になってなかなか寝つけないこともあるでしょう。寝なければ困るなどと心配すればするほど寝つきが悪くなりますが、寝つけないのは他の受験生でも同じです。ベッドに入って目を閉じて横になっていれば、眠れなくても脳と体は休まります。

試験中に行き詰まったときにはどう対応する？

　実際の入試で問題を解いていて、行き詰まったときに、焦らずにどう対応するかはとても難しいことです。例えば、数学の大問を途中まで解いて、このあとをどうするのか考えられなくなったときに、まだ粘って考えるか、それともあきらめて次の問題に行くのか、**切り替えのタイミング**をあらかじめ決めておきます。また、与えられた条件を見落としていたということもあるので、も

STEP
7

う一度問題文を読み直すといった、**本番を意識した練習**を積むことも大事です。

　試験場に行くときに持ち歩く参考書や問題集は、あれもこれもと考えがちですが、あまりに多いと荷物になってしまいますから、**自分の苦手な問題だけを集めたノートなど、これと決めたものを1冊持って行くのが良い**でしょう。お守りではないですが、試験場でちょっと見返して、安心できるようなノートなり参考書を持って行くことをお勧めします。

　また、模試でもそうですが、解答用紙に名前や受験番号を書き忘れることが意外とあります。ですから、**名前と受験番号と受験科目名は3回チェックする習慣をつけておきましょう。**

自信を持って本番に臨もう

　ここまでで、医学部に合格するためにやるべきこと、必要なことをすべてご紹介してきました。それぞれのステップを着実に歩んできたあなたには、志望大学に合格するための力が確実についているはずです。あとは、自分を信じて「絶対合格する」という強い意志を持って本番に臨むだけです。

　入試本番が近づいてきたら、**「絶対に医学部に合格する」**と毎日声に出して言ってください。声に出して言うことで、決意が強固になり、力が湧いてくるのを感じるはずです。Step 1でも述べましたが、合格するために必要なのは、自分を信じて諦めない強い覚悟・決意です。

　最後まで自分を信じて頑張ってください。
"「大丈夫！」「あなたなら合格できる！」"

付録

医学部受験生の保護者の役割とは？

体調管理など、側面からサポートを万全に

　最後に、受験生の保護者の役割を考えてみましょう。受験するのは本人ですが、側面からサポートすることはいろいろできますから、保護者も積極的にかかわっていくと良いと思います。しかし、志望大学に合格できるか不安に思っているのは、特に受験生本人も同じなのですから、保護者としては**プレッシャーをかけすぎない**ことを心がけたいものです。保護者が過度に神経質になっては逆効果です。なるべく**普段通りの生活の中で、受験生がリラックスして過ごせるような環境づくりを心がけてください。**

　保護者の役割として**最も重要なのは、受験生の健康管理です。**いくら勉強で頑張っていても、体調を崩してしまい、入試本番で実力を発揮できなかったということになっては困ります。食事は、1日3回、栄養バランスの取れたものを摂ることが基本です。夜遅くまで勉強していて、朝起きるのが辛く、朝の食事は摂らないか、摂っても簡単なもので済ませて高校や予備校に行くという受験生も少なくないですが、こういう生活はすぐに改善すべきです。**ご飯やパンなどの炭水化物は脳にとって重要なエネルギー源**ですから、しっかり摂るようにします。**ビタミン類や乳酸菌などは免疫力を高めてくれます**から、野菜や果物、ヨーグルトなども献立に加えましょう。昼食や夕食も栄養バランスを考えた献立が良いのですが、塾や予備校に行っていて帰宅が遅くなったときは、夜遅くにボリュームのある夕食は避けたいものです。また、食べ慣れていない料理だと胃腸に負担をかけることもありますので、受験シーズンは、食べ慣れた料理が無難かもしれません。

　受験シーズンは風邪やインフルエンザが流行する時期です。感染すると体力が落ち、勉強にも支障が出ますから、本人はもちろ

んのこと、家族も感染しないように、予防としてのワクチン接種はもちろんのこと、**うがい、手洗いを徹底**することが重要です。もし、家族から患者が出てしまったら、できるだけ受験生との接触を避け、受験生が使用する場所はこまめに消毒しましょう。口や喉が乾燥すると、抵抗力が低下してウイルス感染しやすくなりますから**就寝時に加湿器を使うのも効果的**です。

　また、受験に直接関係することでも、保護者としてサポートできることがたくさんあります。志望大学を決める場合、いくつかの候補をピックアップしますが、比較検討するために大学案内パンフレットなどの資料を大学から取り寄せたり、大学のホームページで情報を集めたりすることは保護者にもできます。そして、志望大学が決まれば、願書の取り寄せや、願書を郵便局に出しに行くことも代行できますし、遠方の大学の場合は、宿の手配や交通機関の切符の手配も保護者ができます。

　この他、小論文や面接に関する情報を収集するのも良いかもしれません。例えば、医学部の小論文や面接では医学・医療に関することがよく出題されますので、最近のニュースで話題となったことや、医学・医療に関する専門用語などを調べてあげるのも良いでしょう。こうしたことは、ある程度は受験生本人がやったほうが良いのですが、受験を取り巻く状況は昔と様変わりしていますから、すべて本人任せにしないで、保護者ができることは極力サポートしてあげるのも良いでしょう。

　親子で面接の練習に取り組むご家庭もあるでしょう。そのときに、ついアドバイスしたくなるかもしれませんが、親子間のアドバイスはなかなか難しいですし、親の言うことを子供は素直に聞きづらいものなので、アドバイスし過ぎるのは良くありません。医学部の面接では、1つの質問に答えたら、その答えを深掘りしていくような質問や、それに関連づけた質問が続きますから、「そ

こをもう少し説明して」とか「まだまだ曖昧だから、もうちょっと具体的に説明して」という具合に、3回、4回と掘り下げていくような質問を意識して練習すると良いと思います。

子供を信じ切ることが大切

　特に医学部入試の場合、保護者の過度な期待は受験生のプレッシャーになるので、一歩離れて「陰ながら応援しているよ」という態度のほうが、本人にとっては勉強に集中しやすいですし、そのほうが親に信頼されていると思うでしょう。あれこれ細かいことにまで口出しするのではなく、何も言わないほうが「信じてくれているのだ」と安心しやすいのです。

　保護者が100％子供の味方になるのは当たり前です。ですから、子供が模試の成績が悪かったり、ストレスが溜まってイライラしていたりして、精神面であまり良くない状況だとしても、すべてを前向きに受け止めてください。模試の成績を見て保護者が不安になると、その不安な気持ちはすぐに子供に伝わります。その結果、子供が不安になって勉強が手につかなくなったり、テストが怖くなるということになるので、模試の成績は子供の前で見ないほうが良いでしょう。

　子供の話をしっかり傾聴することも大事です。子供が話している最中でも、間違った方向に進まないようにアドバイスをしたくなるものですが、**最後まで話を聞いてあげる**ことが、本人の自己承認や自信にもつながります。また、話を聞いてもらえたことで本人も自ら考えるようになり、自分のことは自分で決めるようになるのです。

　医学部入試は、誰かに言われたからではなく、自分の意志で医学部に行くと決めることが大事です。**実際の入試では、「合格する」と自分を信じている受験生しか合格しません。**保護者の影響は非常に大きいですから、保護者が諦めたら本人も諦めてしまいます。ですから、どんな状況でも**保護者は子供を信じ切ること**です。

　子供が受験するとなると、保護者としてさまざまな心配ごとや悩みが出てきます。今はインターネット上にいろいろな情報が溢れています。参考になるものも多いのですが、口コミ情報にはデマみたいな受験情報も含まれています。それに保護者が振り回されることは避けたいものです。子供の受験に関して困ったことや相談したいことがあれば、高校の先生や予備校のアドバイザーに相談してみてください。

　「合格できると信じ切る」ことが、親ができる最大のサポートです！

著者紹介

可児　良友（かに・よしとも）
医系専門予備校メディカルラボ 本部教務統括

1991年から大手予備校で受験生の指導に携わり、数多くの医学部・歯学部志望者を合格に導く。その豊富な経験を基に、マンツーマン授業で合格を確実なものにする医系学部受験の指導メソッドを構築。2006年に医系専門予備校メディカルラボの開校責任者となる。カリキュラムの監修や講師・スタッフを統括する本部教務統括として、また生物の講師として、現在も医学部受験の最前線で活躍中。各地で医学部受験をテーマに講演を行い、近年はテレビ等のマスメディア出演も多数。

医系専門予備校メディカルラボ　https://www.medical-labo.com/

2024年度用
「医学部受験」を決めたらまず読む本

2023年1月31日　初版発行

著　者　　可児良友
発行者　　花野井道郎
発行所　　株式会社時事通信出版局
発　売　　株式会社時事通信社
　　　　　〒104-8178　東京都中央区銀座 5-15-8
　　　　　電話03（5565）2155　https://bookpub.jiji.com

印刷・製本　　株式会社太平印刷社